대한민국 법령 시리즈 375

항공보안법

법령
시행령
시행규칙

해광출판사

머리말

이 책은 방대한 법전을 보지 않고 간편하게 해당되는 법령만 참고해서 볼 수 있도록 하였습니다. 공공기관이나 관련 종사자들이 쉽고 간편하게 해당 법령을 참조 할 수 있도록 하였습니다.

특히 해당법률은 물론 관련 시행령, 시행규칙을 함께 실어 관련법을 서로 참고할 수 있게 하였습니다.

법률이라는 것이 크든 작든 항상 변하는 관계로, 출간 이후의 정확하고 최신의 법률은 법제처 국가법령정보센터에서 확인이 가능하니 법률의 실제 적용 시 확인이 필요한 점 유의하기를 바랍니다.

편집부

* 수록 법률은 법제처 국가법령정보센터에서 확인 가능합니다.
* 발행일 기준 시행 법률이므로 최신 법령은 위 센터에서 볼 수 있습니다.
* 본 책자에 수록된 법률의 문구에 대하여 법적인 효력은 없으며,
  실제 적용 법률은 위 센터에서 최신의 법률로 확인하시기 바랍니다.
* 해당 법령과 함께 시행령, 시행규칙도 수록되어 있습니다.
* 발행일 기준으로 개정 예정 법률은 밑줄로 별도 표시되어 있으며,
  보다 정확한 것은 법제처에서 확인하기 바랍니다.

목차

항공보안법

[시행 2024. 12. 27.] [법률 제19841호, 2023. 12. 26., 타법개정]

**개정 예정 법률 밑줄 별도 표시.

항공보안법

[시행 2024. 12. 27.] [법률 제19841호, 2023. 12. 26., 타법개정]

제1장 총칙 〈개정 2010. 3. 22.〉

제1조(목적) 이 법은 「국제민간항공협약」 등 국제협약에 따라 공항시설, 항행안전시설 및 항공기 내에서의 불법행위를 방지하고 민간항공의 보안을 확보하기 위한 기준·절차 및 의무사항 등을 규정함을 목적으로 한다. 〈개정 2013. 4. 5.〉

[전문개정 2010. 3. 22.]

제2조(정의) 이 법에서 사용하는 용어의 뜻은 다음과 같다. 다만, 이 법에 특별한 규정이 있는 것을 제외하고는 「항공사업법」·「항공안전법」·「공항시설법」에서 정하는 바에 따른다. 〈개정 2012. 1. 26., 2013. 4. 5., 2016. 3. 29., 2017. 10. 24.〉

1. "운항중"이란 승객이 탑승한 후 항공기의 모든 문이 닫힌 때부터 내리기 위하여 문을 열 때까지를 말한다.

2. "공항운영자"란 「항공사업법」 제2조제34호에 따른 공항운영자를 말한다.

3. "항공운송사업자"란 「항공사업법」 제7조에 따라 면허를 받은 국내항공운송사업자 및 국제항공운송사업자, 같은 법 제10조에 따라 등록을 한 소형항공운송사업자 및 같은 법 제54조에 따라 허가를

받은 외국인 국제항공운송업자를 말한다.

4. “항공기취급업체”란 「항공사업법」 제44조에 따라 항공기취급업을 등록한 업체를 말한다.

5. “항공기정비업체”란 「항공사업법」 제42조에 따라 항공기정비업을 등록한 업체를 말한다.

6. “공항상주업체”란 공항에서 영업을 할 목적으로 공항운영자와 시설이용 계약을 맺은 개인 또는 법인을 말한다.

7. “항공기내보안요원”이란 항공기 내의 불법방해행위를 방지하는 직무를 담당하는 사법경찰관리 또는 그 직무를 위하여 항공운송사업자가 지명하는 사람을 말한다.

8. “불법방해행위”란 항공기의 안전운항을 저해할 우려가 있거나 운항을 불가능하게 하는 행위로서 다음 각 목의 행위를 말한다.

가. 지상에 있거나 운항중인 항공기를 납치하거나 납치를 시도하는 행위

나. 항공기 또는 공항에서 사람을 인질로 삼는 행위

다. 항공기, 공항 및 항행안전시설을 파괴하거나 손상시키는 행위

라. 항공기, 항행안전시설 및 제12조에 따른 보호구역(이하 “보호구역”이라 한다)에 무단 침입하거나 운영을 방해하는 행위

마. 범죄의 목적으로 항공기 또는 보호구역 내로 제21조에 따른 무기 등 위해물품(危害物品)을 반입하는 행위

바. 지상에 있거나 운항중인 항공기의 안전을 위협하는 거짓 정보를 제공하는 행위 또는 공항 및 공항시설 내에 있는 승객, 승무원, 지상근무자의 안전을 위협하는 거짓 정보를 제공하는 행위

사. 사람을 사상(死傷)에 이르게 하거나 재산 또는 환경에 심각한 손상을 입힐 목적으로 항공기를 이용하는 행위

아. 그 밖에 이 법에 따라 처벌받는 행위

9. "보안검색"이란 불법방해행위를 하는 데에 사용될 수 있는 무기 또는 폭발물 등 위험성이 있는 물건들을 탐지 및 수색하기 위한 행위를 말한다.

10. "항공보안검색요원"이란 승객, 휴대물품, 위탁수하물, 항공화물 또는 보호구역에 출입하려고 하는 사람 등에 대하여 보안검색을 하는 사람을 말한다.

11. "장비운영자"란 제15조부터 제17조까지 및 제17조의2에 따라 보안검색을 실시하기 위하여 항공보안장비를 설치·운영하는 공항운영자, 항공운송사업자, 화물터미널운영자, 상용화주 및 그 밖에 국토교통부령으로 정하는 자를 말한다.

[전문개정 2010. 3. 22.]

제3조(국제협약의 준수) ① 민간항공의 보안을 위하여 이 법에서 규정하는 사항 외에는 다음 각 호의 국제협약에 따른다. 〈개정 2013. 4. 5.〉

1. 「항공기 내에서 범한 범죄 및 기타 행위에 관한 협약」

2. 「항공기의 불법납치 억제를 위한 협약」

3. 「민간항공의 안전에 대한 불법적 행위의 억제를 위한 협약」

4. 「민간항공의 안전에 대한 불법적 행위의 억제를 위한 협약을 보충하는 국제민간항공에 사용되는 공항에서의 불법적 폭력행위의 억제를 위한 의정서」

5. 「가소성 폭약의 탐지를 위한 식별조치에 관한 협약」

② 제1항에 따른 국제협약 외에 항공보안에 관련된 다른 국제협약이 있는 경우에는 그 협약에 따른다. 〈개정 2013. 4. 5.〉

[전문개정 2010. 3. 22.]

제4조(국가의 책무) 국토교통부장관은 민간항공의 보안에 관한 계획 수립, 관계 행정기관 간 업무 협조체제 유지, 공항운영자·항공운송사업자·항공기취급업체·항공기정비업체·공항상주업체 및 항공여객·화물터미널운영자 등의 자체 보안계획에 대한 승인 및 실행점검, 항공보안 교육훈련계획의 개발 등의 업무를 수행한다. 〈개정 2013. 3. 23., 2013. 4. 5.〉

[전문개정 2010. 3. 22.]

제5조(공항운영자 등의 협조의무) 공항운영자, 항공운송사업자, 항공기취급업체, 항공기정비업체, 공항상주업체, 항공여객·화물터미널운영자, 공항이용자, 그 밖에 국토교통부령으로 정하는 자는 항공보안을 위한 국가의 시책에 협조하여야 한다. 〈개정 2013. 3. 23., 2013. 4. 5.〉

[전문개정 2010. 3. 22.]

제6조 삭제 〈2013. 4. 5.〉

제2장 항공보안협의회 등 〈개정 2013. 4. 5.〉

제7조(항공보안협의회) ① 항공보안에 관련되는 다음 각 호의 사항을 협의하기 위하여 국토교통부에 항공보안협의회를 둔다. 〈개정 2013. 3. 23., 2013. 4. 5., 2020. 12. 15.〉

1. 항공보안에 관한 계획의 협의

2. 관계 행정기관 간 업무 협조

3. 제10조제2항에 따른 자체 보안계획의 승인을 위한 협의

4. 그 밖에 항공보안을 위하여 항공보안협의회의 장이 필요하다고 인정하는 사항. 다만, 「국가정보원법」 제4조에 따른 대테러에 관한 사항은 제외한다.

② 항공보안협의회의 구성, 운영 및 자체 보안계획 승인의 대상 등에 관하여 필요한 사항은 대통령령으로 정한다. 〈개정 2013. 4. 5.〉

[전문개정 2010. 3. 22.]

[제목개정 2013. 4. 5.]

제8조(지방항공보안협의회) ① 지방항공청장은 관할 공항별로 항공보안에 관한 사항을 협의하기 위하여 지방항공보안협의회를 둔다. 〈개정 2013. 4. 5.〉

② 지방항공보안협의회의 구성·임무 및 운영 등에 관하여 필요한 사항은 대통령령으로 정한다. 〈개정 2013. 4. 5.〉

[전문개정 2010. 3. 22.]

[제목개정 2013. 4. 5.]

제9조(항공보안 기본계획) ① 국토교통부장관은 항공보안에 관한 기본계획(이하 "기본계획"이라 한다)을 5년마다 수립하고, 그 내용을 공항운영자, 항공운송사업자, 항공기취급업체, 항공기정비업체, 공항상주업체, 항공여객·화물터미널운영자, 그 밖에 국토교통부령으로 정하는 자(이하 "공항운영자등"이라 한다)에게 통보하여야 한다. 〈개정 2013. 3. 23., 2013. 4. 5.〉

② 기본계획에는 항공보안에 관한 종합적·장기적인 추진방향 등 대통령령으로 정하는 사항이 포함되어야 한다. 〈개정 2013. 4. 5.〉

③ 국토교통부장관은 기본계획에 따라 항공보안 업무를 수행하기 위하여 매년 항공보안에 관한 시행계획(이하 "시행계획"이라 한다)을 수립·시행하여야 한다. 〈개정 2013. 4. 5.〉

④ 국토교통부장관은 기본계획을 수립하거나 변경하고자 하는 때에는 관계 행정기관과 미리 협의하여야 한다. 〈신설 2013. 4. 5.〉

⑤ 국토교통부장관은 기본계획 및 시행계획의 수립을 위하여 필요하다고 인정하는 경우에는 관계 기관, 단체 또는 전문가로부터 의견을 듣거나 필요한 자료의 제출을 요청할 수 있다. 〈신설 2013. 4. 5.〉

⑥ 그 밖에 기본계획 및 시행계획의 수립·변경·시행 등에 필요한 사항은 대통령령으로 정한다. 〈신설 2013. 4. 5.〉

[전문개정 2010. 3. 22.]

[제목개정 2013. 4. 5.]

제10조(국가항공보안계획 등의 수립) ① 국토교통부장관은 항공보안 업무를 수행하기 위하여 국가항공보안계획을 수립·시행하여야 한다. 〈개정 2013. 3. 23., 2013. 4. 5.〉

② 공항운영자등은 제1항의 국가항공보안계획에 따라 자체 보안계획을 수립하거나 수립된 자체 보안계획을 변경하려는 경우에는 국토교통부장관의 승인을 받아야 한다. 다만, 국토교통부령으로 정하는 경미한 사항의 변경은 그러하지 아니하다. 〈개정 2013. 3. 23.〉

③ 제1항 및 제2항에 따라 수립하는 국가항공보안계획, 자체 보

안계획의 세부 내용 및 수립절차 등에 관하여 필요한 사항은 국토교통부령으로 정한다. 〈개정 2013. 3. 23.〉

[진문개정 2010. 3. 22.]

제3장 공항·항공기 등의 보안

제11조(공항시설 등의 보안) ① 공항운영자는 공항시설과 항행안전시설에 대하여 보안에 필요한 조치를 하여야 한다. 〈개정 2013. 4. 5.〉

② 공항운영자는 보안검색이 완료된 승객과 완료되지 못한 승객 간의 접촉을 방지하기 위한 대책을 수립·시행하여야 한다.

③ 공항운영자는 보안검색을 거부하거나 무기·폭발물 또는 그 밖에 항공보안에 위협이 되는 물건을 휴대한 승객 등이 보안검색이 완료된 구역으로 진입하는 것을 방지하기 위한 대책을 수립·시행하여야 한다. 〈신설 2013. 4. 5.〉

④ 공항을 건설하거나 유지·보수를 하는 경우에 불법방해행위로부터 사람 및 시설 등을 보호하기 위하여 준수하여야 할 세부 기준은 국토교통부장관이 정한다. 〈개정 2013. 3. 23., 2013. 4. 5.〉

[전문개정 2010. 3. 22.]

[제목개정 2013. 4. 5.]

제12조(공항시설 보호구역의 지정) ① 공항운영자는 보안검색이 완료된 구역, 활주로, 계류장(繫留場) 등 공항시설의 보호를 위하여 필요한 구역을 국토교통부장관의 승인을 받아 보호구역으로 지정하여야 한다. 〈개정 2013. 3. 23.〉

② 공항운영자는 필요한 경우 국토교통부장관의 승인을 받아 임시로 보호구역을 지정할 수 있다. 〈개정 2013. 3. 23.〉

③ 제1항과 제2항에 따른 보호구역의 지정기준 및 지정취소에 관하여 필요한 사항은 국토교통부령으로 정한다. 〈개정 2013. 3. 23.〉

[전문개정 2010. 3. 22.]

제13조(보호구역에의 출입허가) ① 다음 각 호의 어느 하나에 해당하는 사람은 공항운영자의 허가를 받아 보호구역에 출입할 수 있다.

1. 보호구역의 공항시설 등에서 상시적으로 업무를 수행하는 사람

2. 공항 건설이나 공항시설의 유지·보수 등을 위하여 보호구역에서 업무를 수행할 필요가 있는 사람

3. 그 밖에 업무수행을 위하여 보호구역에 출입이 필요하다고 인정되는 사람

② 제1항에 따른 출입허가의 절차 등에 관하여 필요한 사항은 국토교통부령으로 정한다. 〈개정 2013. 3. 23.〉

[전문개정 2010. 3. 22.]

제14조(승객의 안전 및 항공기의 보안) ① 항공운송사업자는 승객의 안전 및 항공기의 보안을 위하여 필요한 조치를 하여야 한다.

② 항공운송사업자는 승객이 탑승한 항공기를 운항하는 경우 항공기내보안요원을 탑승시켜야 한다.

③ 항공운송사업자는 국토교통부령으로 정하는 바에 따라 조종실 출입문의 보안을 강화하고 운항중에는 허가받지 아니한 사람의 조종실 출입을 통제하는 등 항공기에 대한 보안조치를 하여야 한다. 〈개정 2013. 3. 23., 2013. 4. 5.〉

④ 항공운송사업자는 매 비행 전에 항공기에 대한 보안점검을 하여야 한다. 이 경우 보안점검에 관한 세부 사항은 국토교통부령으로 정한다. 〈개정 2013. 3. 23.〉

⑤ 공항운영자 및 항공운송사업자는 액체, 겔(gel)류 등 국토교통부장관이 정하여 고시하는 항공기 내 반입금지 물질이 보안검색이 완료된 구역과 항공기 내에 반입되지 아니하도록 조치하여야 한다. 〈개정 2013. 3. 23., 2013. 4. 5.〉

⑥ 항공운송사업자 또는 항공기 소유자는 항공기의 보안을 위하여 필요한 경우에는 「청원경찰법」에 따른 청원경찰이나 「경비업법」에 따른 특수경비원으로 하여금 항공기의 경비를 담당하게 할 수 있다. 〈개정 2013. 4. 5.〉

[전문개정 2010. 3. 22.]

제14조의2(생체정보를 활용한 본인 일치 여부 확인) ① 공항운영자 및 항공운송사업자는 다음 각 호의 어느 하나에 해당하는 목적에 한정하여 관계 행정기관이 보유하고 있는 얼굴·지문·홍채 및 손바닥 정맥 등 개인을 식별할 수 있는 신체적 특징에 관한 개인정보(이하 “생체정보”라 한다)를 이용할 수 있다.

1. 공항운영자: 보호구역으로 진입하는 사람에 대한 본인 일치 여부 확인

2. 항공운송사업자: 탑승권을 발권, 수하물을 위탁하거나 항공기에 탑승하는 승객에 대한 본인 일치 여부 확인

② 제1항에 따라 생체정보를 이용하려는 경우 공항운영자 및 항공운송사업자는 관계 행정기관에 생체정보 제공을 요청할 수 있으

며, 행정기관은 정당한 이유 없이 그 요청을 거부하여서는 아니 된다.

③ 공항운영자 및 항공운송사업자는 제1항 및 제2항에 따른 생체정보를 「개인정보 보호법」에 따라 처리하여야 한다.

④ 제1항 및 제2항에 따른 생체정보를 활용한 본인 일치 여부 확인방법 및 생체정보의 보호 등에 필요한 사항은 대통령령으로 정한다.

⑤ 공항운영자 및 항공운송사업자는 본인 일치 여부가 확인된 사람의 생체정보를 대통령령으로 정하는 바에 따라 파기하여야 한다.

[본조신설 2020. 6. 9.]

제15조(승객 등의 검색 등) ① 항공기에 탑승하는 사람은 신체, 휴대물품 및 위탁수하물에 대한 보안검색을 받아야 한다.

② 공항운영자는 항공기에 탑승하는 사람, 휴대물품 및 위탁수하물에 대한 보안검색을 하고, 항공운송사업자는 화물에 대한 보안검색을 하여야 한다. 다만, 관할 국가경찰관서의 장은 범죄의 수사 및 공공의 위험예방을 위하여 필요한 경우 보안검색에 대하여 필요한 조치를 요구할 수 있고, 공항운영자나 항공운송사업자는 정당한 사유 없이 그 요구를 거절할 수 없다.

③ 공항운영자 및 항공운송사업자는 제2항에 따른 보안검색을 직접 하거나 「경비업법」 제4조제1항에 따른 경비업자 중 공항운영자 및 항공운송사업자의 추천을 받아 제6항에 따라 국토교통부장관이 지정한 업체에 위탁할 수 있다. 〈개정 2013. 3. 23.〉

④ 공항운영자는 제2항에 따른 보안검색에 드는 비용에 충당하기

위하여 「공항시설법」 제32조 및 제50조에 따른 사용료의 일부를 사용할 수 있다. 〈개정 2016. 3. 29.〉

⑤ 항공운송사업자는 공항 및 항공기의 보안을 위하여 항공기에 탑승하는 승객의 성명, 국적 및 여권번호 등 국토교통부령으로 정하는 운송정보를 공항운영자에게 제공하여야 한다. 이 경우 운송정보 제공 방법 및 절차 등 필요한 사항은 국토교통부령으로 정한다. 〈신설 2014. 1. 14.〉

⑥ 제2항에 따른 보안검색의 방법·절차·면제 등에 관하여 필요한 사항은 대통령령으로 정한다. 〈개정 2014. 1. 14.〉

⑦ 제3항에 따라 보안검색 업무를 위탁받으려는 업체는 국토교통부령으로 정하는 바에 따라 국토교통부장관의 지정을 받아야 한다. 〈개정 2013. 4. 5., 2014. 1. 14.〉

⑧ 국토교통부장관은 제6항에 따라 지정을 받은 업체가 다음 각 호의 어느 하나에 해당하는 경우에는 그 지정을 취소할 수 있다. 다만, 제1호 또는 제2호에 해당하면 지정을 취소하여야 한다. 〈신설 2013. 4. 5., 2014. 1. 14.〉

1. 거짓이나 그 밖의 부정한 방법으로 지정을 받은 경우

2. 「경비업법」에 따른 경비업의 허가가 취소되거나 영업이 정지된 경우

3. 국토교통부령에 따른 지정기준에 미달하게 된 경우. 다만, 일시적으로 지정기준에 미달하게 되어 3개월 이내에 지정기준을 다시 갖춘 경우에는 그러하지 아니하다.

4. 보안검색 업무의 수행 중 고의 또는 중대한 과실로 인명피해

가 발생하거나 보안검색에 실패한 경우

[전문개정 2010. 3. 22.]

[제목개정 2014. 1. 14.]

제15조의2(승객의 신분증명서 확인 등) ① 항공기에 탑승하는 사람은 주민등록증(모바일 주민등록증을 포함한다), 여권 등 대통령령으로 정하는 신분증명서(이하 “신분증명서”라 한다)를 지니고 있어야 한다. 〈개정 2023. 12. 26.〉

② 항공기에 탑승하는 사람은 공항운영자 및 항공운송사업자가 본인 일치 여부 확인을 위하여 신분증명서 제시를 요구하는 경우 이를 보여주어야 한다. 다만, 생체정보를 통하여 본인 일치 여부가 확인되는 등 대통령령으로 정하는 경우에는 그러하지 아니하다.

③ 제2항에서 정한 사항 외에 본인 일치 여부 확인에 필요한 절차·방법 등은 대통령령으로 정한다.

[본조신설 2021. 7. 27.]

제16조(승객이 아닌 사람 등에 대한 검색) ① 공항운영자는 제13조제1항에 따라 허가를 받아 보호구역으로 들어가는 사람 또는 물품에 대하여도 보안검색을 하여야 한다. 이 경우 보안검색의 방법·절차·면제 및 위탁 등에 관하여는 제15조제2항 단서, 같은 조 제3항 및 제6항부터 제8항까지의 규정을 준용한다. 〈개정 2013. 4. 5., 2014. 1. 14.〉

② 제1항에도 불구하고 화물터미널 내에 지정된 보호구역으로 들어가는 사람 또는 물품에 대한 보안검색은 화물터미널운영자가 하여야 한다. 이 경우 보안검색의 방법·절차·면제 및 위탁 등에 관하

여는 제15조제2항 단서, 같은 조 제3항 및 제6항부터 제8항까지의 규정을 준용한다. 〈개정 2013. 4. 5., 2014. 1. 14.〉

[전문개정 2010. 3. 22.]

제17조(통과 승객 또는 환승 승객에 대한 보안검색 등) ① 항공운송사업자는 항공기가 공항에 도착하면 통과 승객이나 환승 승객으로 하여금 휴대물품을 가지고 내리도록 하여야 한다.

② 공항운영자는 제1항에 따라 항공기에서 내린 통과 승객, 환승 승객, 휴대물품 및 위탁수하물에 대하여 보안검색을 하여야 한다. 〈개정 2013. 4. 5.〉

③ 제2항에 따른 보안검색에 드는 비용은 공항운영자가 부담하고, 항공운송사업자는 통과 승객이나 환승 승객에 대한 운송정보를 공항운영자에게 제공하여야 한다.

④ 제3항에 따른 운송정보 제공에 대하여는 제15조제5항을 준용한다. 〈개정 2014. 1. 14.〉

⑤ 제2항에 따른 보안검색의 방법·절차·면제 및 위탁 등에 관하여는 제15조제2항 단서, 같은 조 제3항 및 제6항부터 제8항까지의 규정을 준용한다. 〈개정 2013. 4. 5., 2014. 1. 14.〉

[전문개정 2010. 3. 22.]

제17조의2(상용화주) ① 국토교통부장관은 검색장비, 항공보안검색요원 등 국토교통부령으로 정하는 기준을 갖춘 화주(貨主) 또는 항공화물을 포장하여 보관 및 운송하는 자를 지정하여 항공화물 및 우편물에 대하여 보안검색을 실시하게 할 수 있다. 〈개정 2013. 3. 23.〉

② 국토교통부장관은 제1항에 따라 지정된 자[이하 "상용화주"(常

用貨主)라 한다]가 준수하여야 할 화물보안통제절차 등에 관한 항공화물보안기준을 정하여 고시하여야 한다. 〈개정 2013. 3. 23.〉

③ 항공운송사업자는 제15조제2항에도 불구하고 제1항에 따라 상용화주가 보안검색을 한 항공화물 및 우편물에 대하여는 보안검색을 하지 아니한다. 다만, 다음 각 호에서 정하는 항공화물 및 우편물에 대하여는 보안검색을 실시하여야 한다. 〈개정 2017. 8. 9.〉

1. 상용화주로부터 접수하였으나 상용화주가 아닌 자가 취급한 경우

2. 접수·보안검색·운송 등 취급과정에서 상용화주 및 항공운송사업자의 통제를 벗어난 경우

3. 훼손 흔적이 있는 경우

4. 허가받지 아니한 자의 접촉이 발생하였거나 접촉이 의심되는 경우

5. 화물전용기에서 여객기로 옮겨지는 경우

6. 무작위 표본검색 등 국토교통부장관이 정하여 고시한 사항에 해당하는 경우

7. 제15조제2항 단서에 따라 관할 국가경찰관서의 장이 필요한 조치를 요구한 경우

8. 그 밖에 위협정보의 입수 등 항공운송사업자가 보안검색이 필요하다고 인정할 만한 상당한 사유가 있는 경우

④ 상용화주의 지정절차 등에 관하여 필요한 사항은 국토교통부령으로 정한다. 〈개정 2013. 3. 23.〉

[본조신설 2010. 3. 22.]

제17조의3(상용화주의 지정취소) ① 국토교통부장관은 상용화주가 다음 각 호의 어느 하나에 해당하는 경우 그 지정을 취소할 수 있다. 다만, 제1호에 해당하면 그 지정을 취소하여야 한다. 〈개정 2013. 3. 23., 2013. 4. 5.〉

1. 거짓이나 그 밖의 부정한 방법으로 지정을 받은 경우

2. 제17조의2제1항의 지정기준에 미달하게 된 경우

3. 제17조의2제2항의 항공화물보안기준을 위반하여 업무를 수행한 경우

② 국토교통부장관은 제1항에 따라 상용화주의 지정을 취소한 경우에는 즉시 항공운송사업자에게 통보하여 항공운송사업자가 보안검색을 하도록 조치하여야 한다. 〈개정 2013. 3. 23., 2013. 4. 5.〉

③ 상용화주 지정취소의 절차 등에 관하여 필요한 사항은 국토교통부령으로 정한다. 〈개정 2013. 3. 23.〉

[본조신설 2010. 3. 22.]

제18조(기내식 등의 통제) ① 항공운송사업자는 제21조에 따른 위해물품이 기내식(機內食)이나 기내 저장품을 이용하여 항공기 내로 유입되는 것을 방지하기 위하여 필요한 조치를 하여야 한다.

② 기내식 및 기내 저장품 유입·유출의 통제에 대한 세부 사항은 국토교통부령으로 정한다. 〈개정 2013. 3. 23.〉

[전문개정 2010. 3. 22.]

제19조(보안검색 실패 등에 대한 대책) ① 공항운영자, 항공운송사업자 및 화물터미널운영자는 다음 각 호의 사항이 발생한 경우에는 즉시 국토교통부장관에게 보고하여야 한다. 〈개정 2013. 3. 23.,

2013. 4. 5.〉

1. 검색장비가 정상적으로 작동되지 아니한 상태로 검색을 하였거나 검색이 미흡한 사실을 알게 된 경우

2. 허가받지 아니한 사람 또는 물품이 보호구역 또는 항공기 안으로 들어간 경우

3. 그 밖에 항공보안에 우려가 있는 것으로서 국토교통부령으로 정하는 사항

② 국토교통부장관은 제1항에 따른 보고를 받은 경우에는 다음 각 호의 구분에 따라 항공보안을 위한 필요한 조치를 하여야 한다. 〈개정 2013. 4. 5.〉

1. 항공기가 출발하기 전에 보고를 받은 경우: 해당 항공기에 대한 보안검색 등의 보안조치

2. 항공기가 출발한 후 보고를 받은 경우: 해당 항공기가 도착하는 국가의 관련 기관에 대한 통보

③ 국토교통부장관은 다른 국가로부터 제1항 각 호의 어느 하나에 해당하는 사항을 통보받은 경우에는 해당 항공기를 격리계류장으로 유도하여 보안검색 등 보안조치를 하여야 한다. 〈개정 2013. 3. 23., 2013. 4. 5.〉

[전문개정 2010. 3. 22.]

제20조(비행 서류의 보안관리 절차 등) ① 항공운송사업자는 탑승권, 수하물 꼬리표 등 비행 서류에 대한 보안관리 대책을 수립·시행하여야 한다. 〈개정 2013. 4. 5.〉

② 제1항에 따른 비행 서류의 보안관리를 위한 세부 사항은 국토

교통부령으로 정한다. 〈개정 2013. 3. 23., 2013. 4. 5.〉
[전문개정 2010. 3. 22.]
[제목개정 2013. 4. 5.]

제4장 항공기 내의 보안 〈개정 2013. 4. 5.〉

제21조(위해물품 휴대 금지 및 검색시스템 구축·운영) ① 누구든지 항공기에 무기[탄저균(炭疽菌), 천연두균 등의 생화학무기를 포함한다], 도검류(刀劍類), 폭발물, 독극물 또는 연소성이 높은 물건 등 국토교통부장관이 정하여 고시하는 위해물품을 가지고 들어가서는 아니 된다. 〈개정 2013. 3. 23.〉

② 국토교통부장관은 제1항에 따른 위해물품의 세부종류, 공개방법 등과 관련한 사항을 정하고 정기적으로 적정성을 검토하여야 한다. 〈신설 2020. 6. 9.〉

③ 제1항에도 불구하고 경호업무, 범죄인 호송업무 등 대통령령으로 정하는 특정한 직무를 수행하기 위하여 대통령령으로 정하는 무기의 경우에는 국토교통부장관의 허가를 받아 항공기에 가지고 들어갈 수 있다. 〈개정 2013. 3. 23., 2020. 6. 9.〉

④ 제3항에 따라 항공기에 무기를 가지고 들어가려는 사람은 탑승 전에 이를 해당 항공기의 기장에게 보관하게 하고 목적지에 도착한 후 반환받아야 한다. 다만, 제14조제2항에 따라 항공기 내에 탑승한 항공기내보안요원은 그러하지 아니하다. 〈개정 2020. 6. 9.〉

⑤ 항공기 내에 제3항에 따른 무기를 반입하고 입국하려는 항공보안에 관한 업무를 수행하는 외국인 또는 외국국적 항공운송사업자

는 항공기 출발 전에 국토교통부장관으로부터 미리 허가를 받아야 한다. 〈개정 2013. 3. 23., 2013. 4. 5., 2020. 6. 9.〉

⑥ 제3항 및 제5항에 따른 항공기 내 무기 반입 허가절차 등에 관하여 필요한 사항은 국토교통부령으로 정한다. 〈개정 2013. 3. 23., 2020. 6. 9.〉

⑦ 국토교통부장관은 제1항 및 제2항에 따른 위해물품을 쉽게 확인하기 위하여 위해물품 검색시스템을 구축·운영할 수 있다. 〈신설 2020. 6. 9.〉

[전문개정 2010. 3. 22.]

[제목개정 2020. 6. 9.]

제22조(기장 등의 권한) ① 기장이나 기장으로부터 권한을 위임받은 승무원(이하 "기장등"이라 한다) 또는 승객의 항공기 탑승 관련 업무를 지원하는 항공운송사업자 소속 직원 중 기장의 지원요청을 받은 사람은 다음 각 호의 어느 하나에 해당하는 행위를 하려는 사람에 대하여 그 행위를 저지하기 위한 필요한 조치를 할 수 있다. 〈개정 2013. 4. 5.〉

1. 항공기의 보안을 해치는 행위
2. 인명이나 재산에 위해를 주는 행위
3. 항공기 내의 질서를 어지럽히거나 규율을 위반하는 행위

② 항공기 내에 있는 사람은 제1항에 따른 조치에 관하여 기장등의 요청이 있으면 협조하여야 한다.

③ 기장등은 제1항 각 호의 행위를 한 사람을 체포한 경우에 항공기가 착륙하였을 때에는 체포된 사람이 그 상태로 계속 탑승하는

것에 동의하거나 체포된 사람을 항공기에서 내리게 할 수 없는 사유가 있는 경우를 제외하고는 체포한 상태로 이륙하여서는 아니 된다.

④ 기장으로부터 권한을 위임받은 승무원 또는 승객의 항공기 탑승 관련 업무를 지원하는 항공운송사업자 소속 직원 중 기장의 지원요청을 받은 사람이 제1항에 따른 조치를 할 때에는 기장의 지휘를 받아야 한다.

[전문개정 2010. 3. 22.]

第23조(승객의 협조의무) ① 항공기 내에 있는 승객은 항공기와 승객의 안전한 운항과 여행을 위하여 다음 각 호의 어느 하나에 해당하는 행위를 하여서는 아니 된다. 〈개정 2013. 7. 16., 2016. 3. 29., 2020. 6. 9.〉

1. 폭언, 고성방가 등 소란행위

2. 흡연

3. 술을 마시거나 약물을 복용하고 다른 사람에게 위해를 주는 행위

4. 다른 사람에게 성적(性的) 수치심을 일으키는 행위

5. 「항공안전법」 제73조를 위반하여 전자기기를 사용하는 행위

6. 기장의 승낙 없이 조종실 출입을 기도하는 행위

7. 기장등의 업무를 위계 또는 위력으로써 방해하는 행위

② 승객은 항공기 내에서 다른 사람을 폭행하거나 항공기의 보안이나 운항을 저해하는 폭행·협박·위계행위(危計行爲) 또는 출입문·탈출구·기기의 조작을 하여서는 아니 된다. 〈개정 2017. 3. 21.〉

③ 승객은 항공기가 착륙한 후 항공기에서 내리지 아니하고 항공기를 점거하거나 항공기 내에서 농성하여서는 아니 된다.

④ 항공기 내의 승객은 항공기의 보안이나 운항을 저해하는 행위를 금지하는 기장등의 정당한 직무상 지시에 따라야 한다. 〈개정 2013. 4. 5.〉

⑤ 항공운송사업자는 금연 등 항공기와 승객의 안전한 운항과 여행을 위한 규제로 인하여 승객이 받는 불편을 줄일 수 있는 방안을 마련하여야 한다.

⑥ 기장등은 승객이 항공기 내에서 제1항제1호부터 제5호까지의 어느 하나에 해당하는 행위를 하거나 할 우려가 있는 경우 이를 중지하게 하거나 하지 말 것을 경고하여 사전에 방지하도록 노력하여야 한다.

⑦ 항공운송사업자는 다음 각 호의 어느 하나에 해당하는 사람에 대하여 탑승을 거절할 수 있다. 〈개정 2013. 3. 23., 2013. 4. 5., 2021. 7. 27.〉

1. 제15조 또는 제17조에 따른 보안검색을 거부하는 사람

1의2. 제15조의2제2항을 위반하여 본인 일치 여부 확인을 거부하는 사람

2. 음주로 인하여 소란행위를 하거나 할 우려가 있는 사람

3. 항공보안에 관한 업무를 담당하는 국내외 국가기관 또는 국제기구 등으로부터 항공기 안전운항을 해칠 우려가 있어 탑승을 거절할 것을 요청받거나 통보받은 사람

4. 그 밖에 항공기 안전운항을 해칠 우려가 있어 국토교통부령으

로 정하는 사람

⑧ 누구든지 공항에서 보안검색 업무를 수행 중인 항공보안검색요원 또는 보호구역에의 출입을 통제하는 사람에 대하여 업무를 방해하는 행위 또는 폭행 등 신체에 위해를 주는 행위를 하여서는 아니 된다.

⑨ 항공운송사업자는 항공기가 이륙하기 전에 승객에게 국토교통부장관이 정하는 바에 따라 승객의 협조의무를 영상물 상영 또는 방송 등을 통하여 안내하여야 한다. 〈신설 2017. 8. 9.〉

[전문개정 2010. 3. 22.]

[제목개정 2013. 4. 5.]

제24조(수감 중인 사람 등의 호송) ① 사법경찰관리 또는 법 집행 권한이 있는 공무원은 항공기를 이용하여 피의자, 피고인, 수형자(受刑者), 그 밖에 기내 보안에 위해를 일으킬 우려가 있는 사람(이하 이 조에서 "호송대상자"라 한다)을 호송할 경우에는 미리 해당 항공운송사업자에게 통보하여야 한다. 〈개정 2013. 4. 5.〉

② 제1항에 따른 통보사항에는 호송대상자의 인적사항, 호송 이유, 호송방법 및 호송 안전조치 등에 관한 사항이 포함되어야 한다.

③ 제1항에 따라 통보를 받은 항공운송사업자는 호송대상자가 항공기, 승무원 및 승객의 안전에 위협이 된다고 판단되는 경우에는 사법경찰관리 등 호송 공무원에게 적절한 안전조치를 요구할 수 있다.

④ 호송대상자의 호송방법, 호송조건 등에 관하여 필요한 사항은 국토교통부령으로 정한다. 〈개정 2013. 3. 23.〉

[전문개정 2010. 3. 22.]

제25조(범인의 인도·인수) ① 기장등은 항공기 내에서 이 법에 따른 죄를 범한 범인을 직접 또는 해당 관계 기관 공무원을 통하여 해당 공항을 관할하는 국가경찰관서에 통보한 후 인도하여야 한다. 〈개정 2016. 1. 19.〉

② 기장등이 다른 항공기 내에서 죄를 범한 범인을 인수한 경우에 그 항공기 내에서 구금을 계속할 수 없을 때에는 직접 또는 해당 관계 기관 공무원을 통하여 해당 공항을 관할하는 국가경찰관서에 지체 없이 인도하여야 한다.

③ 제1항 및 제2항에 따라 범인을 인도받은 국가경찰관서의 장은 범인에 대한 처리 결과를 지체 없이 해당 항공운송사업자에게 통보하여야 한다.

[전문개정 2010. 3. 22.]

제26조(예비조사) ① 국가경찰관서의 장은 제25조제1항 및 제2항에 따라 범인을 인도받은 경우에는 범행에 대한 범인의 조사, 증거물의 제출요구 또는 증인에 대한 진술확보 등 예비조사를 할 수 있다.

② 국가경찰관서의 장은 제1항에 따른 예비조사를 하는 경우에 해당 항공기의 운항을 부당하게 지연시켜서는 아니 된다.

[전문개정 2010. 3. 22.]

제5장 항공보안장비 등 〈개정 2013. 4. 5.〉

제27조(항공보안장비 성능 인증 등) ① 장비운영자가 이 법에 따른 보안검색을 하는 경우에는 국토교통부장관으로부터 성능 인증을 받은 항공보안장비를 사용하여야 한다.

② 제1항에 따른 항공보안장비의 성능 인증을 위한 기준·방법·절차 및 장비운영자가 사용하는 항공보안장비의 성능 검사 등 운영에 필요한 사항은 국토교통부령으로 정한다.

③ 국토교통부장관은 성능 인증을 받은 항공보안장비의 종류, 운영, 유지관리 등에 관한 기준을 정하여 고시하여야 한다.

④ 국토교통부장관은 제1항에 따라 성능 인증을 받은 항공보안장비가 계속하여 성능을 유지하고 있는지를 확인하기 위하여 국토교통부령으로 정하는 바에 따라 정기적으로 또는 수시로 점검을 실시하여야 한다.

⑤ 우리나라와 항공보안장비 성능 상호인증 협약이 체결된 국가로부터 그 성능을 인증받은 항공보안장비는 제1항의 규정에도 불구하고 우리나라의 항공보안장비 성능 인증을 받은 것으로 본다. 다만, 국토교통부장관은 상호인증 협약을 체결하였을 때에는 그 내용을 고시하여야 한다.

[전문개정 2017. 10. 24.]

제27조의2(항공보안장비 성능 인증의 취소) 국토교통부장관은 성능 인증을 받은 항공보안장비가 다음 각 호의 어느 하나에 해당하는 경우에는 그 인증을 취소할 수 있다. 다만, 제1호에 해당하는 때에는 그 인증을 취소하여야 한다.

1. 거짓이나 그 밖의 부정한 방법으로 인증을 받은 경우

2. 항공보안장비가 제27조제2항에 따른 성능 기준에 적합하지 아니하게 된 경우

3. 제27조제4항에 따른 점검을 정당한 사유 없이 받지 아니한 경우

4. 제27조제4항에 따른 점검을 실시한 결과 중대한 결함이 있다고 판단될 경우

[본조신설 2017. 10. 24.]

제27조의3(인증업무의 위탁) 국토교통부장관은 인증업무의 전문성과 신뢰성을 확보하기 위하여 제27조에 따른 항공보안장비의 성능 인증 및 점검 업무를 대통령령으로 정하는 기관(이하 "인증기관"이라 한다)에 위탁할 수 있다.

[본조신설 2017. 10. 24.]

제27조의4(시험기관의 지정) ① 국토교통부장관은 제27조에 따른 성능 인증을 위하여 항공보안장비의 성능을 평가하는 시험(이하 "성능평가시험"이라 한다)을 실시하는 기관(이하 "시험기관"이라 한다)을 지정할 수 있다.

② 제1항에 따라 시험기관 지정을 받으려는 법인이나 단체는 국토교통부령으로 정하는 지정기준을 갖추어 국토교통부장관에게 지정신청을 하여야 한다.

[본조신설 2017. 10. 24.]

제27조의5(시험기관의 지정취소 등) ① 국토교통부장관은 제27조의4에 따라 시험기관으로 지정받은 법인이나 단체가 다음 각 호의 어느 하나에 해당하는 경우에는 그 지정을 취소하거나 1년 이내의 기간을 정하여 그 업무의 전부 또는 일부의 정지를 명할 수 있다. 다만, 제1호 또는 제2호에 해당하는 때에는 그 지정을 취소하여야 한다.

1. 거짓이나 그 밖의 부정한 방법을 사용하여 시험기관으로 지정을 받은 경우

2. 업무정지 명령을 받은 후 그 업무정지 기간에 성능평가시험을 실시한 경우

3. 정당한 사유 없이 성능평가시험을 실시하지 아니한 경우

4. 제27조제2항에 따른 기준·방법·절차 등을 위반하여 성능평가시험을 실시한 경우

5. 제27조의4제2항에 따른 시험기관 지정기준을 충족하지 못하게 된 경우

6. 성능평가시험 결과를 거짓으로 조작하여 수행한 경우

② 제1항에 따른 지정취소와 업무정지의 기준 등에 관하여 필요한 사항은 국토교통부령으로 정한다.

[본조신설 2017. 10. 24.]

제27조의6(수수료) 제27조제1항에 따라 항공보안장비 성능 인증을 받으려는 자는 국토교통부령으로 정하는 바에 따라 인증기관 및 시험기관에 수수료를 내야 한다.

[본조신설 2017. 10. 24.]

제28조(교육훈련 등) ① 국토교통부장관은 항공보안에 관한 업무수행자의 교육에 필요한 사항을 정하여야 한다. 〈개정 2013. 3. 23., 2013. 4. 5.〉

② 보안검색 업무를 감독하거나 수행하는 사람은 국토교통부장관이 지정한 교육기관에서 검색방법, 검색절차, 검색장비의 운용, 그 밖에 보안검색에 필요한 교육훈련을 이수하여야 한다. 〈개정 2013. 3. 23.〉

③ 제2항에 따른 교육기관으로 지정받으려는 자가 갖추어야 하는

시설·장비 및 인력 등의 지정기준에 대하여는 국토교통부령으로 정한다. 〈개정 2013. 3. 23.〉

④ 국토교통부장관은 교육기관으로 지정받은 자가 다음 각 호의 어느 하나에 해당하는 경우에는 그 지정을 취소할 수 있다. 다만, 제1호에 해당하면 지정을 취소하여야 한다. 〈개정 2013. 3. 23.〉

1. 거짓이나 그 밖의 부정한 방법으로 교육기관의 지정을 받은 경우

2. 제3항의 지정기준에 미달하게 된 경우. 다만, 일시적으로 지정기준에 미달하게 되어 3개월 내에 지정기준을 다시 갖춘 경우에는 그러하지 아니하다.

3. 교육의 전 과정을 2년 이상 운영하지 아니한 경우

⑤ 교육기관의 지정이나 교육훈련에 관하여 필요한 사항은 국토교통부장관이 정한다. 〈개정 2013. 3. 23.〉

[전문개정 2010. 3. 22.]

제29조(검색 기록의 유지) 공항운영자 및 항공운송사업자 또는 보안검색을 위탁받은 검색업체는 검색요원의 업무, 현장교육훈련 기록 등의 보안검색에 관한 기록을 국토교통부령으로 정하는 바에 따라 작성·유지하여야 한다. 〈개정 2013. 3. 23.〉

[전문개정 2010. 3. 22.]

제6장 항공보안 위협에 대한 대응 〈개정 2013. 4. 5.〉

제30조(항공보안을 위협하는 정보의 제공) ① 국토교통부장관은 항공보안을 해치는 정보를 알게 되었을 때에는 관련 행정기관, 국제민간

항공기구, 해당 항공기 등록국가의 관련 기관 및 항공기 소유자 등에 그 정보를 제공하여야 한다. 〈개정 2013. 3. 23., 2013. 4. 5.〉

② 제1항에 따른 정보 제공의 절차 및 협력사항 등에 관한 세부사항은 국토교통부령으로 정한다. 〈개정 2013. 3. 23.〉

[전문개정 2010. 3. 22.]

[제목개정 2013. 4. 5.]

제31조(국가항공보안 우발계획 등의 수립) ① 국토교통부장관은 민간항공에 대한 불법방해행위에 신속하게 대응하기 위하여 국가항공보안 우발계획을 수립·시행하여야 한다.

② 공항운영자등은 제1항의 국가항공보안 우발계획에 따라 자체 우발계획을 수립·시행하여야 한다.

③ 공항운영자등은 제2항에 따라 자체 우발계획을 수립 또는 변경하는 경우에는 국토교통부장관의 승인을 받아야 한다. 다만, 국토교통부령으로 정하는 경미한 사항을 변경하는 경우에는 그러하지 아니하다.

④ 제1항부터 제3항까지의 규정에 따른 국가항공보안 우발계획 및 자체 우발계획의 구체적인 내용, 수립기준 및 승인절차 등에 관하여 필요한 사항은 국토교통부령으로 정한다.

[전문개정 2013. 4. 5.]

제32조(보안조치) 국토교통부장관은 민간항공에 대한 위협에 신속한 대응이 필요한 경우에는 공항운영자등에 대하여 필요한 조치를 할 수 있다. 〈개정 2013. 3. 23.〉

[전문개정 2010. 3. 22.]

[제목개정 2013. 4. 5.]

제33조(항공보안 감독) ① 국토교통부장관은 소속 공무원을 항공보안 감독관으로 지정하여 항공보안에 관한 점검업무를 수행하게 하여야 한다. 〈개정 2013. 3. 23., 2013. 4. 5.〉

② 국토교통부장관은 대통령령으로 정하는 바에 따라 관계 행정기관과 합동으로 공항 및 항공기의 보안실태에 대하여 현장점검을 할 수 있다. 〈개정 2013. 4. 5.〉

③ 국토교통부장관은 제1항 및 제2항에 따른 점검업무의 수행에 필요하다고 인정하는 경우에는 공항운영자등에게 필요한 서류 및 자료를 제출하게 할 수 있다. 〈신설 2013. 4. 5.〉

④ 국토교통부장관은 제1항 및 제2항에 따른 점검 결과 그 개선이나 보완이 필요하다고 인정하는 경우에는 공항운영자등에게 시정조치 또는 그 밖의 보안대책 수립을 명할 수 있다. 〈신설 2013. 4. 5.〉

⑤ 제1항 또는 제2항에 따라 점검을 하는 경우에는 점검 7일 전까지 점검일시, 점검이유 및 점검내용 등에 대한 점검계획을 점검대상자에게 통지하여야 한다. 다만, 긴급한 경우 또는 사전에 통지하면 증거인멸 등으로 점검 목적을 달성할 수 없다고 인정하는 경우에는 그러하지 아니하다. 〈개정 2013. 4. 5.〉

⑥ 항공보안 감독관은 항공보안에 관한 점검업무 수행을 위하여 필요한 경우에는 항공기 및 공항시설에 출입하여 검사할 수 있다. 〈개정 2013. 4. 5.〉

⑦ 제1항, 제2항 및 제6항에 따라 점검을 하는 공무원은 그 권한

을 표시하는 증표를 지니고 이를 관계인에게 보여주어야 한다. 〈개정 2013. 4. 5.〉

⑧ 제1항에 따른 항공보안 감독관의 지정·운영 및 점검업무 등에 대한 세부 사항은 국토교통부령으로 정한다. 〈개정 2013. 3. 23., 2013. 4. 5.〉

[전문개정 2010. 3. 22.]

제33조의2(항공보안 자율신고) ① 민간항공의 보안을 해치거나 해칠 우려가 있는 사실로서 국토교통부령으로 정하는 사실을 안 사람은 국토교통부장관에게 그 사실을 신고(이하 이 조에서 "항공보안 자율신고"라 한다)할 수 있다.

② 국토교통부장관은 항공보안 자율신고를 한 사람의 의사에 반하여 신고자의 신분을 공개하여서는 아니 되며, 그 신고 내용을 보안사고 예방 및 항공보안 확보 목적 외의 다른 목적으로 사용하여서는 아니 된다.

③ 공항운영자등은 소속 임직원이 항공보안 자율신고를 한 경우에는 그 신고를 이유로 해고, 전보, 징계, 그 밖에 신분이나 처우와 관련하여 불이익한 조치를 하여서는 아니 된다.

④ 국토교통부장관은 제1항 및 제2항에 따른 항공보안 자율신고의 접수·분석·전파에 관한 업무를 대통령령으로 정하는 바에 따라 「한국교통안전공단법」에 따른 한국교통안전공단에 위탁할 수 있다. 이 경우 위탁받은 업무에 종사하는 한국교통안전공단의 임직원은 「형법」 제129조부터 제132조까지의 규정을 적용할 때에는 공무원으로 본다. 〈개정 2017. 10. 24.〉

⑤ 항공보안 자율신고의 신고방법 및 신고처리절차 등에 관하여 필요한 사항은 국토교통부령으로 정한다.

[본조신설 2013. 4. 5.]

제7장 보칙

제34조(재정 지원) 국가는 예산의 범위에서 항공보안 업무 수행에 필요한 비용을 지원할 수 있다. 〈개정 2013. 4. 5.〉

[전문개정 2010. 3. 22.]

제35조(감독) ① 국토교통부장관은 이 법 또는 이 법에 따른 명령이나 처분을 위반하는 행위에 대하여는 시정명령 등 필요한 조치를 할 수 있다. 〈개정 2013. 3. 23., 2017. 10. 24.〉

② 국토교통부장관은 항공보안장비의 안전 및 적합성을 확보하기 위하여 인증기관 및 시험기관에 대하여 필요한 범위에서 지도·감독을 할 수 있다. 〈신설 2017. 10. 24.〉

③ 국토교통부장관은 제2항에 따라 감독상 필요하다고 인정되는 경우에는 인증기관 및 시험기관의 운영과 업무의 처리에 관한 명령을 할 수 있으며, 소속 공무원으로 하여금 그 장부와 전표, 서류, 시설 등을 검사하게 할 수 있다. 이 경우 검사를 하는 공무원은 그 권한을 표시하는 증표를 지니고 이를 관계인에게 내보여야 한다. 〈신설 2017. 10. 24.〉

[전문개정 2010. 3. 22.]

제35조의2(항공보안정보체계의 구축) ① 국토교통부장관은 항공보안정보의 체계적인 관리 및 정보공유를 위하여 항공보안정보체계를 구

축·운영할 수 있다.

② 국토교통부장관은 항공보안정보체계의 구축·운영에 필요한 자료의 제출 또는 정보의 제공을 공항운영자등에게 요청할 수 있다. 이 경우 자료의 제출이나 정보의 제공을 요구받은 자는 정당한 사유가 없으면 이에 따라야 한다.

[본조신설 2017. 8. 9.]

제36조 삭제 〈2012. 1. 26.〉

제37조(청문) 국토교통부장관은 다음 각 호의 어느 하나에 해당하는 취소처분을 하려면 청문을 하여야 한다. 〈개정 2013. 3. 23., 2013. 4. 5., 2014. 1. 14., 2017. 10. 24.〉

1. 제15조제8항(제16조제1항 후단, 제2항 후단 및 제17조제5항에서 준용하는 경우를 포함한다)에 따른 위탁업체 지정의 취소

2. 제17조의3제1항에 따른 상용화주 지정의 취소

3. 제27조의5에 따른 시험기관 지정의 취소

4. 제28조제4항에 따른 교육기관 지정의 취소

[전문개정 2010. 3. 22.]

제38조(권한의 위임·위탁) ① 국토교통부장관은 이 법에 따른 권한의 일부를 대통령령으로 정하는 바에 따라 소속기관의 장에게 위임할 수 있다.

② 국토교통부장관은 이 법에 따른 업무의 일부를 대통령령으로 정하는 바에 따라 항공보안 관련 기관 또는 단체에 위탁할 수 있다.

[전문개정 2020. 6. 9.]

제38조의2(벌칙 적용에서 공무원 의제) 항공보안장비 성능 인증 및

성능평가시험에 관한 업무에 종사하는 인증기관 및 시험기관의 임직원은 「형법」 제129조부터 제132조까지의 규정에 따른 벌칙을 적용할 때에는 공무원으로 본다.

[본조신설 2017. 10. 24.]

제8장 벌칙

제39조(항공기 파손죄) ① 운항중인 항공기의 안전을 해칠 정도로 항공기를 파손한 사람(「항공안전법」 제138조제1항에 해당하는 사람은 제외한다)은 사형, 무기징역 또는 5년 이상의 징역에 처한다. 〈개정 2016. 3. 29.〉

② 계류 중인 항공기의 안전을 해칠 정도로 항공기를 파손한 사람은 7년 이하의 징역에 처한다.

[전문개정 2010. 3. 22.]

제40조(항공기 납치죄 등) ① 폭행, 협박 또는 그 밖의 방법으로 항공기를 강탈하거나 그 운항을 강제한 사람은 무기 또는 7년 이상의 징역에 처한다.

② 제1항의 죄를 범하여 사람을 사상(死傷)에 이르게 한 사람은 사형 또는 무기징역에 처한다.

③ 제1항의 미수범은 처벌한다.

④ 제1항 또는 제2항의 죄를 범할 목적으로 예비 또는 음모한 사람은 5년 이하의 징역에 처한다. 다만, 그 목적한 죄를 실행에 옮기기 전에 자수한 사람에 대하여는 그 형을 감경하거나 면제할 수 있다.

[전문개정 2010. 3. 22.]

第41条(항공시설 파손죄) ① 항공기 운항과 관련된 항공시설을 파손하거나 조작을 방해함으로써 항공기의 안전운항을 해친 사람(「항공안전법」 제140조에 해당하는 사람은 제외한다)은 10년 이하의 징역에 처한다. 〈개정 2016. 3. 29., 2017. 10. 24.〉

② 제1항의 죄를 범하여 사람을 사상에 이르게 한 사람은 사형, 무기징역 또는 7년 이상의 징역에 처한다. 〈신설 2017. 10. 24.〉

[전문개정 2010. 3. 22.]

第42条(항공기 항로 변경죄) 위계 또는 위력으로써 운항중인 항공기의 항로를 변경하게 하여 정상 운항을 방해한 사람은 1년 이상 10년 이하의 징역에 처한다.

[전문개정 2010. 3. 22.]

第43条(직무집행방해죄) 폭행·협박 또는 위계로써 기장등의 정당한 직무집행을 방해하여 항공기와 승객의 안전을 해친 사람은 10년 이하의 징역에 처한다.

[전문개정 2010. 3. 22.]

第44条(항공기 위험물건 탑재죄) 제21조를 위반하여 휴대 또는 탑재가 금지된 물건을 항공기에 휴대 또는 탑재하거나 다른 사람으로 하여금 휴대 또는 탑재하게 한 사람은 2년 이상 5년 이하의 징역 또는 2천만원 이상 5천만원 이하의 벌금에 처한다. 〈개정 2017. 8. 9.〉

[전문개정 2010. 3. 22.]

第45条(공항운영 방해죄) 거짓된 사실의 유포, 폭행, 협박 및 위계로써 공항운영을 방해한 사람은 5년 이하의 징역 또는 5천만원 이하의 벌금에 처한다. 〈개정 2013. 4. 5.〉

[전문개정 2010. 3. 22.]

제46조(항공기 내 폭행죄 등) ① 제23조제2항을 위반하여 항공기의 보안이나 운항을 저해하는 폭행·협박·위계행위 또는 출입문·탈출구·기기의 조작을 한 사람은 10년 이하의 징역에 처한다.

② 제23조제2항을 위반하여 항공기 내에서 다른 사람을 폭행한 사람은 5년 이하의 징역에 처한다.

[전문개정 2017. 3. 21.]

제47조(항공기 점거 및 농성죄) 제23조제3항을 위반하여 항공기를 점거하거나 항공기 내에서 농성한 사람은 3년 이하의 징역 또는 3천만원 이하의 벌금에 처한다. 〈개정 2013. 4. 5.〉

[전문개정 2010. 3. 22.]

제48조(운항 방해정보 제공죄) 항공운항을 방해할 목적으로 거짓된 정보를 제공한 사람은 3년 이하의 징역 또는 3천만원 이하의 벌금에 처한다. 〈개정 2013. 4. 5.〉

[전문개정 2010. 3. 22.]

제49조(벌칙) ① 제23조제1항제7호를 위반하여 기장등의 업무를 위계 또는 위력으로써 방해한 사람은 10년 이하의 징역 또는 1억원 이하의 벌금에 처한다. 〈신설 2016. 1. 19., 2017. 3. 21.〉

② 다음 각 호의 어느 하나에 해당하는 사람은 3년 이하의 징역 또는 3천만원 이하의 벌금에 처한다. 〈개정 2017. 3. 21.〉

1. 제23조제1항제6호를 위반하여 조종실 출입을 기도한 사람
2. 제23조제4항을 위반하여 기장등의 지시에 따르지 아니한 사람

[전문개정 2010. 3. 22.]

제50조(벌칙) ① 제15조의2제2항 본문에 따라 신분증명서 제시를 요구받은 경우 위조 또는 변조된 신분증명서를 제시하여 본인 일치 여부 확인을 받으려 한 사람은 10년 이하의 징역에 처한다. 이 경우 3천만원 이하의 벌금을 병과할 수 있다. 〈신설 2021. 7. 27.〉

② 제23조제8항을 위반하여 공항에서 보안검색 업무를 수행 중인 항공보안검색요원 또는 보호구역에의 출입을 통제하는 사람에 대하여 업무를 방해하는 행위 또는 폭행 등 신체에 위해를 주는 행위를 한 사람은 5년 이하의 징역 또는 5천만원 이하의 벌금에 처한다. 〈개정 2021. 7. 27.〉

③ 다음 각 호의 어느 하나에 해당하는 사람은 3년 이하의 징역 또는 3천만원 이하의 벌금에 처한다. 〈개정 2021. 7. 27.〉

1. 제15조의2제2항 본문에 따라 신분증명서 제시를 요구받은 경우 다른 사람의 신분증명서를 부정하게 사용하여 본인 일치 여부 확인을 받으려 한 사람

2. 운항 중인 항공기 내에서 제23조제1항제1호를 위반하여 폭언, 고성방가 등 소란행위를 한 사람

3. 운항 중인 항공기 내에서 제23조제1항제3호를 위반하여 술을 마시거나 약물을 복용하고 다른 사람에게 위해를 주는 행위를 한 사람

④ 다음 각 호의 어느 하나에 해당하는 자는 5천만원 이하의 벌금에 처한다. 〈개정 2021. 7. 27.〉

1. 제10조제2항을 위반하여 자체 보안계획을 수립하지 아니한 자

2. 제15조를 위반하여 보안검색 업무를 하지 아니하거나 소홀히

한 사람

3. 제31조제2항을 위반하여 자체 우발계획을 수립하지 아니한 자

⑤ 다음 각 호의 어느 하나에 해당하는 자는 3천만원 이하의 벌금에 처한다. 〈개정 2021. 7. 27.〉

1. 제10조제2항을 위반하여 자체 보안계획의 승인을 받지 아니한 자

2. 제16조 또는 제17조를 위반하여 보안검색 업무를 하지 아니하거나 소홀히 한 사람

3. 제31조제3항을 위반하여 자체 우발계획의 승인을 받지 아니한 자

⑥ 계류 중인 항공기 내에서 다음 각 호의 어느 하나에 해당하는 사람은 2천만원 이하의 벌금에 처한다. 〈개정 2021. 7. 27.〉

1. 제23조제1항제1호를 위반하여 폭언, 고성방가 등 소란행위를 한 사람

2. 제23조제1항제3호를 위반하여 술을 마시거나 약물을 복용하고 다른 사람에게 위해를 주는 행위를 한 사람

⑦ 운항 중인 항공기 내에서 다음 각 호의 어느 하나에 해당하는 사람은 1천만원 이하의 벌금에 처한다. 〈개정 2021. 7. 27.〉

1. 제23조제1항제2호를 위반하여 흡연을 한 사람

2. 제23조제1항제4호를 위반하여 다른 사람에게 성적(性的) 수치심을 일으키는 행위를 한 사람

3. 제23조제1항제5호를 위반하여 전자기기를 사용한 사람

⑧ 계류 중인 항공기 내에서 다음 각 호의 어느 하나에 해당하는 사람은 5백만원 이하의 벌금에 처한다. 〈개정 2021. 7. 27.〉

1. 제23조제1항제2호를 위반하여 흡연을 한 사람

2. 제23조제1항제4호를 위반하여 다른 사람에게 성적(性的) 수치심을 일으키는 행위를 한 사람

3. 제23조제1항제5호를 위반하여 전자기기를 사용한 사람

⑨ 제13조제1항을 위반하여 공항운영자의 허가를 받지 아니하고 보호구역에 출입한 사람은 100만원 이하의 벌금에 처한다. 〈개정 2021. 7. 27.〉

[전문개정 2017. 3. 21.]

제50조의2(양벌규정) 법인의 대표자나 법인 또는 개인의 대리인, 사용인, 그 밖의 종업원이 그 법인 또는 개인의 업무에 관하여 제50조의 어느 하나에 해당하는 위반행위를 하면 그 행위자를 벌하는 외에 그 법인 또는 개인에게도 해당 조문의 벌금형을 과(科)한다. 다만, 법인 또는 개인이 그 위반행위를 방지하기 위하여 해당 업무에 관하여 상당한 주의와 감독을 게을리하지 아니한 경우에는 그러하지 아니하다.

[본조신설 2013. 4. 5.]

제51조(과태료) ① 다음 각 호의 어느 하나에 해당하는 자에게는 1천만원 이하의 과태료를 부과한다. 〈개정 2013. 4. 5., 2016. 1. 19., 2017. 10. 24., 2020. 6. 9.〉

1. 제10조제2항에 따라 승인받은 자체 보안계획을 이행하지 아니한 자(국가항공보안계획과 관련되는 부분만 해당한다)

2. 제14조제2항을 위반하여 항공기내보안요원을 탑승시키지 아니한 항공운송사업자

3. 제14조제4항을 위반하여 항공기에 대한 보안점검을 실시하지

아니한 항공운송사업자

3의2. 제14조의2제5항을 위반하여 생체정보를 파기하지 아니한 자

4. 제17조제1항을 위반하여 통과 승객이나 환승 승객에게 휴대물품을 가지고 내리도록 조치하지 아니한 항공운송사업자

5. 제19조제1항을 위반하여 국토교통부장관에게 보고하지 아니한 자

5의2. 제25조제1항을 위반하여 항공기 내에서 죄를 범한 범인을 관할 국가경찰관서에 인도하지 아니한 기장등이 소속된 항공운송사업자

6. 제27조를 위반하여 국토교통부장관의 성능 인증을 받은 항공보안장비를 사용하지 아니한 자

6의2. 제27조에 따른 항공보안장비 성능 인증을 위한 기준과 절차 등을 위반한 인증기관 및 시험기관

7. 제31조제3항에 따라 승인받은 자체 우발계획을 이행하지 아니한 자(국가항공보안 우발계획과 관련되는 부분만 해당한다)

8. 제32조에 따른 보안조치를 이행하지 아니한 자

9. 제33조제4항에 따른 시정조치 또는 명령을 이행하지 아니한 자

10. 제33조의2제3항을 위반하여 불이익한 조치를 한 자

11. 제35조에 따른 시정명령 등 필요한 조치를 이행하지 아니한 자

② 다음 각 호의 어느 하나에 해당하는 자에게는 500만원 이하의

과태료를 부과한다. 〈신설 2013. 4. 5., 2017. 8. 9.〉

1. 제23조제9항에 따른 안내를 하지 아니한 항공운송사업자

2. 제29조를 위반하여 보안검색에 관한 기록을 작성·유지하지 아니한 자

3. 제33조제3항에 따른 점검업무의 수행에 필요한 서류 및 자료를 제출하지 아니하거나 거짓의 자료를 제출한 자

③ 제17조제1항에 따른 항공운송사업자의 지시에도 불구하고 휴대물품을 가지고 내리지 아니한 사람에게는 100만원 이하의 과태료를 부과한다. 〈개정 2013. 4. 5.〉

④ 제1항부터 제3항까지의 규정에 따른 과태료는 대통령령으로 정하는 바에 따라 국토교통부장관이 부과·징수한다. 〈개정 2013. 4. 5.〉

[전문개정 2010. 3. 22.]

부칙 〈제6734호, 2002. 8. 26.〉

제61조 제2항 및 제6항을 삭제한다.

제165조 중 "제61조제2항 또는 제3항"을 "제61조제3항"으로 한다.

부칙 〈제7050호, 2003. 12. 31.〉

①(시행일) 이 법은 2004년 4월 1일부터 시행한다.

②(통과 또는 환승 승객 등에 대한 보안검색에 관한 적용례) 제17조 및 제50조제1항제2호 및 제3호의 개정규정은 이 법 시행후 최초로 공항에 도착한 항공기의 통과 또는 환승 승객 및 휴대물품부

터 적용한다.

③(보안검색업무에 관한 경과조치) 이 법 시행 당시 공항운영자가 통과 또는 환승 승객 및 휴대물품의 보안검색업무를 인수할 때까지 항공운송사업자가 보안검색업무를 수행한다.

부칙 〈제7472호, 2005. 3. 31.〉

이 법은 공포 후 3월이 경과한 날부터 시행한다.

부칙 〈제7691호, 2005. 11. 8.〉 (항공법)

제1조 (시행일) 이 법은 공포 후 8월이 경과한 날부터 시행한다. 〈단서 생략〉

제2조 내지 제9조 생략

제10조 (다른 법률의 개정) 항공안전및보안에관한법률 일부를 다음과 같이 개정한다.

제21조제1항 단서를 다음과 같이 한다.

다만, 「항공법」제59조제1항의 규정에 의하여 건설교통부장관의 허가를 받은 경우 및 특정한 직무를 수행하기 위한 경우 등 건설교통부령이 정하는 경우에는 그러하지 아니하다.

부칙 〈제7849호, 2006. 2. 21.〉 (제주특별자치도 설치 및 국제자유도시 조성을 위한 특별법)

제1조 (시행일) 이 법은 2006년 7월 1일부터 시행한다. 〈단서 생략〉

제2조 내지 제39조 생략

제40조 (다른 법령의 개정) ①내지 ㉟생략

㊱항공안전 및 보안에 관한 법률 일부를 다음과 같이 개정한다.

제15조제2항 단서, 제25조제1항 내지 제3항 및 제26조제1항·제2항 중 "경찰관서"를 각각 "국가경찰관서"로 한다.

㊲내지 ㊼생략

제41조 생략

부칙 〈제7926호, 2006. 3. 24.〉

이 법은 공포 후 3개월이 경과한 날부터 시행한다.

부칙 〈제7988호, 2006. 9. 27.〉 (소비자기본법)

제1조 (시행일) 이 법은 공포 후 6개월이 경과한 날부터 시행한다. 〈단서 생략〉

제2조 내지 제11조 생략

제12조 (다른 법률의 개정) ①내지 ⑩생략

⑪항공안전 및 보안에 관한 법률 일부를 다음과 같이 개정한다.

제36조제1항 본문 중 "소비자보호법에 의한 한국소비자보호원(이하 "소비자보호원"이라 한다)"을 "「소비자기본법」에 의한 한국소비자원(이하 "한국소비자원"이라 한다)"으로 하고, 동조 제3항 중 "소비자보호원"을 "한국소비자원"으로 한다.

⑫생략

제13조 생략

부칙 〈제8129호, 2006. 12. 28.〉

이 법은 공포 후 3개월이 경과한 날부터 시행한다.

부칙 〈제8787호, 2007. 12. 21.〉 (항공법)

제1조 (시행일) 이 법은 공포 후 6개월이 경과한 날부터 시행한다. 〈단서 생략〉

제2조 부터 제12조까지 생략

제13조 (다른 법률의 개정) 항공안전 및 보안에 관한 법률 일부를 다음과 같이 개정한다.

제2조에 제4호의2를 다음과 같이 신설한다.

4의2. "항공기정비업체"란 「항공법」 제137조의2에 따라 항공기정비업을 등록한 업체를 말한다.

제4조중 "항공기취급업체"를 "항공기취급업체·항공기정비업체"로 한다.

제5조 및 제10조중 "항공기취급업체"를 각각 "항공기취급업체, 항공기정비업체"로 한다.

부칙 〈제8852호, 2008. 2. 29.〉 (정부조직법)

제1조(시행일) 이 법은 공포한 날부터 시행한다. 다만, ···〈생략〉···, 부칙 제6조에 따라 개정되는 법률 중 이 법의 시행 전에 공포되었으나 시행일이 도래하지 아니한 법률을 개정한 부분은 각각 해당 법률의 시행일부터 시행한다.

제2조 부터 제5조까지 생략

제6조(다른 법률의 개정) ① 부터 〈624〉 까지 생략

〈625〉 항공안전 및 보안에 관한 법률 일부를 다음과 같이 개정한다.

제4조, 제6조, 제7조제1항 각 호 외의 부분, 제9조제1항, 제10조제1항, 제12조제1항 · 제2항, 제15조제3항 · 제6항 전단, 제17조제4항, 제19조제1항 각 호 외의 부분 · 제2항 · 제3항, 제21조제1항 단서, 제27조제1항 · 제2항, 제28조제1항 · 제2항, 제30조, 제31조제2항, 제32조, 제33조제1항 · 제2항, 제35조, 제37조 및 제38조제1항 · 제2항 중 "건 설교통부장관"을 각각 "국토해양부장관"으로 한다.

제5조, 제10조제1항, 제12조제3항, 제13조제2항, 제14조제3항, 제15조제6항 후단, 제18조제2항, 제19조제1항제3호, 제20조제2항, 제21조제1항 단서, 제23조제7항, 제24조제4항, 제29조, 제31조제3항, 제33조제5항 및 제36조제4항 중 "건설교통부령"을 각각 "국토해양부령"으로 한다.

제7조제1항 각 호 외의 부분 중 "건설교통부"를 "국토해양부"로 한다.

〈626〉 부터 〈760〉 까지 생략

제7조 생략

부칙 〈제9074호, 2008. 3. 28.〉

이 법은 공포 후 3개월이 경과한 날부터 시행한다.

부칙 〈제9779호, 2009. 6. 9.〉

①(시행일) 이 법은 공포한 날부터 시행한다. 다만, 제23조제7항

의 개정규정은 공포 후 3개월이 경과한 날부터 시행하고, 제17조제3항부터 제5항까지의 개정규정은 2010년 1월 1일부터 시행한다.

②(벌칙에 관한 경과조치) 이 법 시행 전의 행위에 대하여 벌칙을 적용할 때에는 종전의 규정에 따른다.

부칙 〈제9780호, 2009. 6. 9.〉 (항공법)

제1조(시행일) 이 법은 공포 후 3개월이 경과한 날부터 시행한다. 〈단서 생략〉

제2조 부터 제10조까지 생략

제11조(다른 법률의 개정) ① 부터 ⑰ 까지 생략

⑱ 항공안전 및 보안에 관한 법률 일부를 다음과 같이 개정한다.

제2조제3호 중 "「항공법」 제112조의 규정에 의하여 면허를 받은 정기항공운송사업자, 동법 제132조의 규정에 의하여 등록한 부정기항공운송사업자 및 동법 제147조의 규정에 의하여"를 "「항공법」 제112조에 따라 면허를 받은 국내항공운송사업자 및 국제항공운송사업자, 같은 법 제132조에 따라 등록을 한 소형항공운송사업자 및 같은 법 제147조에 따라"로 한다.

제11조제1항 중 "「항공법」 제2조제6호 및 제16호의 규정에 의한"을 "「항공법」 제2조제8호 및 제17호에 따른"으로 한다.

⑲ 생략

제12조 생략

부칙 〈제10160호, 2010. 3. 22.〉

①(시행일) 이 법은 공포 후 6개월이 경과한 날부터 시행한다.

②(경과조치) 이 법 시행 당시 종전의 규정에 따라 공항운영자등이 수립하여 국토해양부장관의 승인을 받은 항공안진 및 보안의 시행계획은 제10조제2항의 개정규정에 따라 수립하여 승인받은 자체 보안계획으로 본다.

부칙 〈제11244호, 2012. 1. 26.〉 (항공법)

제1조(시행일) 이 법은 공포 후 6개월이 경과한 날부터 시행한다. 〈단서 생략〉

제2조 부터 제7조까지 생략

제8조(다른 법률의 개정) ① 항공안전 및 보안에 관한 법률 일부를 다음과 같이 개정한다.

제2조제2호를 다음과 같이 한다.

2. "공항운영자"란 「항공법」제2조제7호의2에 따른 공항운영자를 말한다.

제36조를 삭제한다.

② 생략

부칙 〈제11690호, 2013. 3. 23.〉 (정부조직법)

제1조(시행일) ① 이 법은 공포한 날부터 시행한다.

② 생략

제2조 부터 제5조까지 생략

제6조(다른 법률의 개정) ①부터 〈653〉까지 생략

〈654〉 항공안전 및 보안에 관한 법률 일부를 다음과 같이 개정한다.

제4조, 제6조, 제9조제1항, 제10조제1항, 같은 조 제2항 본문, 제11조제3항, 제12조제1항 · 제2항, 제14조제5항, 제15조제3항, 같은 조 제6항 전단, 제17조제4항, 제17조의2제1항 · 제2항, 제17조의3제1항 각 호 외의 부분, 같은 조 제2항, 제19조제1항 각 호 외의 부분, 같은 조 제2항 · 제3항, 제21조제1항 · 제2항 · 제4항, 제27조제1항 · 제2항, 제28조제1항 · 제2항, 같은 조 제4항 각 호 외의 부분 본문, 같은 조 제5항, 제30조제1항, 제31조제2항, 제32조, 제33조제1항 · 제2항, 제35조, 제37조 각 호 외의 부분, 제38조제1항 · 제2항 및 제51조제3항 중 "국토해양부장관"을 각각 "국토교통부장관"으로 한다.

제5조, 제9조제1항, 제10조제2항 단서, 같은 조 제3항, 제12조제3항, 제13조제2항, 제14조제3항, 같은 조 제4항 후단, 제15조제6항 후단, 제17조의2제1항 · 제4항, 제17조의3제3항, 제18조제2항, 제19조제1항제3호, 제20조제2항, 제21조제5항, 제23조제7항제4호, 제24조제4항, 제28조제3항, 제29조, 제30조제2항, 제31조제3항 및 제33조제6항 중 "국토해양부령"을 각각 "국토교통부령"으로 한다.

제7조제1항 각 호 외의 부분 중 "국토해양부"를 "국토교통부"로 한다.

〈655〉부터 〈710〉까지 생략

제7조 생략

부칙 〈제11753호, 2013. 4. 5.〉

제1조(시행일) 이 법은 공포 후 1년이 경과한 날부터 시행한다.

제2조(항공안전협의회 등에 관한 경과조치) ① 이 법 시행 당시 종전의 규정에 따라 설치된 항공안선협의회는 제7조의 개정규정에 따른 항공보안협의회로 본다.

② 이 법 시행 당시 종전의 규정에 따라 설치된 공항안전운영협의회는 제8조의 개정규정에 따른 지방항공보안협의회로 본다.

제3조(항공안전 및 보안에 관한 기본계획에 관한 경과조치) 이 법 시행 당시 종전의 규정에 따라 수립된 항공안전 및 보안에 관한 기본계획은 제9조의 개정규정에 따른 항공보안에 관한 기본계획으로 본다.

제4조(항공안전 보안장비 관련 고시에 관한 경과조치) 이 법 시행 당시 종전의 규정에 따라 국토교통부장관이 행한 항공안전 보안장비에 관한 고시는 제27조제2항의 개정규정에 따른 항공보안장비에 관한 고시로 본다.

제5조(국가항공보안 우발계획 등에 관한 경과조치) ① 국토교통부장관은 이 법 시행일부터 3개월 이내에 제31조제1항의 개정규정에 따른 국가항공보안 우발계획을 수립하여야 한다.

② 이 법 시행 당시 종전의 규정에 따라 공항운영자등이 수립하여 승인받은 우발계획은 제31조제3항의 개정규정에 따라 국토교통부장관의 승인을 받은 자체 우발계획으로 본다.

제6조(벌칙 및 과태료에 관한 경과조치) 이 법 시행 전의 행위에 대한 벌칙과 과태료의 적용은 종전의 규정에 따른다.

제7조(다른 법률의 개정) 공중 등 협박목적을 위한 자금조달행위의

금지에 관한 법률 일부를 다음과 같이 개정한다.

제2조제1호나목(1) 중 "「항공안전 및 보안에 관한 법률」"을 "「항공보안법」"으로 한다.

부칙 〈제11932호, 2013. 7. 16.〉

이 법은 2014년 4월 6일부터 시행한다.

부칙 〈제12257호, 2014. 1. 14.〉

이 법은 2014년 4월 6일부터 시행한다.

부칙 〈제13811호, 2016. 1. 19.〉

이 법은 공포한 날부터 시행한다.

부칙 〈제14113호, 2016. 3. 29.〉 (공항시설법)

제1조(시행일) 이 법은 공포 후 1년이 경과한 날부터 시행한다.

제2조 부터 제16조까지 생략

제17조(다른 법률의 개정) ①부터 ㉔까지 생략

㉕ 항공보안법 일부를 다음과 같이 개정한다.

제15조제4항 중 "「항공법」 제86조"를 "「공항시설법」 제32조 및 제50조"로 한다.

㉖ 생략

제18조 생략

부칙 〈제14115호, 2016. 3. 29.〉 (항공사업법)

제1조(시행일) 이 법은 공포 후 1년이 경과한 날부터 시행한다.

제2조 부터 제24조까지 생략

제25조(다른 법률의 개정) ①부터 ⑤까지 생략

⑥ 항공보안법 일부를 다음과 같이 개정한다.

제2조 각 호 외의 부분 단서 중 "「항공법」"을 "「항공사업법」·「항공안전법」·「공항시설법」"으로 한다.

제2조제2호 중 "「항공법」제2조제7호의2"를 "「항공사업법」 제2조제34호"로 하고, 같은 조 제3호 중 "「항공법」 제112조"를 "「항공사업법」 제7조"로, "같은 법 제132조"를 "같은 법 제10조"로, "같은 법 제147조"를 "같은 법 제54조"로 하며, 같은 조 제4호 중 "「항공법」 제137조"를 "「항공사업법」 제44조"로 하고, 같은 조 제5호 중 "「항공법」 제137조의2"를 "「항공사업법」 제42조"로 한다.

⑦ 생략

제26조 생략

부칙 〈제14116호, 2016. 3. 29.〉 (항공안전법)

제1조(시행일) 이 법은 공포 후 1년이 경과한 날부터 시행한다. 〈단서 생략〉

제2조 부터 제53조까지 생략

제54조(다른 법률의 개정) ①부터 ⑲까지 생략

⑳ 항공보안법 일부를 다음과 같이 개정한다.

제23조제1항제5호 중 "「항공법」 제61조의2"를 "「항공안전법」 제

73조"로 한다.

제39조제1항 중 "「항공법」 제157조제1항"을 "「항공안전법」 제138조제1항"으로 한다.

제41조 중 "「항공법」 제156조"를 "「항공안전법」 제140조"로 한다.

㉑부터 ㉓까지 생략

제55조 생략

부칙 〈제14724호, 2017. 3. 21.〉

이 법은 공포한 날부터 시행한다.

부칙 〈제14870호, 2017. 8. 9.〉

이 법은 공포 후 6개월이 경과한 날부터 시행한다. 다만, 제17조의2제3항 및 제35조의2의 개정규정은 공포 후 3개월이 경과한 날부터 시행한다.

부칙 〈제14939호, 2017. 10. 24.〉 (한국교통안전공단법)

제1조(시행일) 이 법은 2018년 1월 1일부터 시행한다.

제2조 생략

제3조(다른 법률의 개정) ①부터 ⑨까지 생략

⑩ 항공보안법 일부를 다음과 같이 개정한다.

제33조의2제4항 전단 중 "「교통안전공단법」에 따른 교통안전공단"을 "「한국교통안전공단법」에 따른 한국교통안전공단"으로 하고,

같은 항 후단 중 "교통안전공단"을 "한국교통안전공단"으로 한다.
⑪ 및 ⑫ 생략

부칙 〈제14954호, 2017. 10. 24.〉
제1조(시행일) 이 법은 공포 후 1년이 경과한 날부터 시행한다.
제2조(항공보안장비 성능 인증에 대한 경과조치) ① 장비운영자는 제27조제1항의 개정규정에도 불구하고 이 법 시행일 이전부터 사용하고 있는 항공보안장비 중 제작국가 등의 항공보안장비 인증 공인기관으로부터 성능을 인증 받은 항공보안장비에 대하여는 해당 장비의 내용연수를 다할 때까지 국토교통부령으로 정하는 바에 따라 사용할 수 있다.
② 장비운영자는 제27조제1항의 개정규정에도 불구하고 국토교통부장관으로부터 성능 인증을 받고 생산 중인 항공보안장비가 각기 다른 제작사의 장비로서 종류별로 2종 이상이 인증되기 이전까지는 제작국가 등의 항공보안장비 인증 공인기관으로부터 성능을 인증받은 장비를 사용할 수 있다.

부칙 〈제17461호, 2020. 6. 9.〉
이 법은 공포 후 6개월이 경과한 날부터 시행한다. 다만, 제23조의 개정규정은 공포한 날부터 시행한다.

부칙 〈제17646호, 2020. 12. 15.〉 (국가정보원법)
제1조(시행일) 이 법은 2021년 1월 1일부터 시행한다. 〈단서 생략〉

제2조 부터 제4조까지 생략

제5조(다른 법률의 개정) ①부터 ⑦까지 생략

⑧ 항공보안법 일부를 다음과 같이 개정한다.

제7조제1항제4호 단서 중 "「국가정보원법」 제3조"를 "「국가정보원법」 제4조"로 한다.

⑨ 및 ⑩ 생략

제6조 생략

부칙 〈제18354호, 2021. 7. 27.〉

이 법은 공포 후 6개월이 경과한 날부터 시행한다.

부칙 〈제19841호, 2023. 12. 26.〉 (주민등록법)

제1조(시행일) 이 법은 공포 후 1년이 경과한 날부터 시행한다. 〈단서 생략〉

제2조 생략

제3조(다른 법률의 개정) ①부터 ⑫까지 생략

⑬ 항공보안법 일부를 다음과 같이 개정한다.

제15조의2제1항 중 "주민등록증"을 "주민등록증(모바일 주민등록증을 포함한다)"으로 한다.

항공보안법 시행령

[시행 2024. 5. 14.] [대통령령 제34510호, 2024. 5. 14., 일부개정]

제19조의2(인증업무의 위탁)
제19조의3(합동 현장점검의 실시)
제19조의4(항공보안 자율신고업무의 위탁)
제20조(권한의 위임)
제20조의2삭 제
제21조(과태료의 부과기준)

**개정 예정 법률 밑줄 별도 표시.

항공보안법 시행령

[시행 2024. 5. 14.] [대통령령 제34510호, 2024. 5. 14., 일부개정]

제1조(목적) 이 영은 「항공보안법」에서 위임된 사항과 그 시행에 필요한 사항을 규정함을 목적으로 한다. 〈개정 2014. 4. 1.〉

[전문개정 2010. 9. 20.]

제2조(항공보안협의회의 구성 등) ① 「항공보안법」(이하 "법"이라 한다) 제7조제1항에 따른 항공보안협의회(이하 "보안협의회"라 한다)는 위원장 1명을 포함한 20명 이내의 위원으로 구성한다. 〈개정 2014. 4. 1.〉

② 보안협의회의 위원장은 국토교통부 항공정책실장이 되고, 위원은 다음 각 호의 사람으로 한다. 〈개정 2013. 3. 23., 2014. 4. 1., 2014. 11. 19., 2017. 7. 26., 2022. 10. 4.〉

1. 외교부 · 법무부 · 국방부 · 문화체육관광부 · 농림축산식품부 · 보건복지부 · 국토교통부 · 국가정보원 · 관세청 · 경찰청 및 해양경찰청의 고위공무원단 또는 이에 상당하는 직급의 공무원 중 소속 기관의 장이 지명하는 사람 각 1명

2. 「한국공항공사법」에 따른 한국공항공사 및 「인천국제공항공사법」에 따른 인천국제공항공사의 항공보안 업무를 담당하는 임직원 중 해당 공사의 장이 국토교통부장관과 협의하여 지명하는 사람 각 1명

③ 삭제 〈2022. 10. 4.〉

④ 위원장은 보안협의회를 대표하며 그 업무를 총괄한다. 〈개정 2014. 4. 1., 2016. 6. 14.〉

⑤ 보안협의회의 위원장이 부득이한 사유로 그 직무를 수행할 수 없을 경우에는 위원장이 지명한 위원이 그 직무를 대행한다. 〈개정 2014. 4. 1., 2016. 6. 14.〉

⑥ 위원장은 보안협의회의 회의를 소집하고, 그 의장이 된다. 〈개정 2014. 4. 1., 2016. 6. 14.〉

⑦ 보안협의회의 사무를 처리하기 위하여 간사를 두며, 국토교통부장관이 소속 공무원 중에서 임명한다. 〈개정 2013. 3. 23., 2014. 4. 1., 2016. 6. 14.〉

⑧ 법 제7조제1항제3호에 따라 보안협의회의 협의대상인 자체 보안계획은 다음 각 호와 같다. 〈개정 2014. 4. 1., 2016. 6. 14.〉

1. 공항운영자의 자체 보안계획의 수립 및 변경

2. 항공운송사업자(국내항공운송사업자 및 국제항공운송사업자만 해당한다)의 자체 보안계획의 수립 및 변경

⑨ 이 영에서 규정한 사항 외에 보안협의회의 운영에 필요한 세부사항은 보안협의회의 의결을 거쳐 위원장이 정한다. 〈개정 2014. 4. 1., 2016. 6. 14.〉

[전문개정 2010. 9. 20.]

[제목개정 2014. 4. 1.]

제2조의2(보안협의회 위원의 제척 · 기피 · 회피) ① 보안협의회 위원이 다음 각 호의 어느 하나에 해당하는 경우에는 보안협의회의 협

의에서 제척(除斥)된다.

1. 위원 또는 그 배우자나 배우자이었던 사람이 해당 안건의 당사자가 되거나 그 안건의 당사자와 공동권리자 또는 공동의무자인 경우

2. 위원이 해당 안건의 당사자와 친족이거나 친족이었던 경우

3. 위원이 해당 안건에 대하여 증언, 진술, 자문, 연구, 용역 또는 감정을 한 경우

4. 위원이나 위원이 속한 법인이 해당 안건 당사자의 대리인이거나 대리인이었던 경우

② 당사자는 위원에게 공정한 협의를 기대하기 어려운 사정이 있는 경우에는 보안협의회에 기피 신청을 할 수 있고, 보안협의회는 의결로 이를 결정한다. 이 경우 기피 신청의 대상인 위원은 그 의결에 참여하지 못한다.

③ 위원이 제1항 각 호에 따른 제척 사유에 해당하는 경우에는 스스로 해당 안건의 협의에서 회피(回避)하여야 한다.

[본조신설 2016. 6. 14.]

제2조의3(보안협의회 위원의 지명 철회) ① 제2조제2항에 따라 위원을 지명한 자는 위원이 다음 각 호의 어느 하나에 해당하는 경우에는 그 지명을 철회할 수 있다. 〈개정 2022. 10. 4.〉

1. 심신장애로 인하여 직무를 수행할 수 없게 된 경우

2. 직무와 관련된 비위사실이 있는 경우

3. 직무태만, 품위손상이나 그 밖의 사유로 인하여 위원으로 적합하지 아니하다고 인정되는 경우

4. 제2조의2제1항 각 호의 어느 하나에 해당하는 데에도 불구하고 회피하지 아니한 경우

5. 위원 스스로 직무를 수행하는 것이 곤란하다고 의사를 밝히는 경우

② 삭제 〈2022. 10. 4.〉

[본조신설 2016. 6. 14.]

[제목개정 2022. 10. 4.]

제3조(지방항공보안협의회의 구성 등) ① 법 제8조제1항에 따른 지방항공보안협의회(이하 "지방보안협의회"라 한다)는 위원장 1명을 포함한 20명 이내의 위원으로 구성한다. 〈개정 2014. 4. 1.〉

② 지방보안협의회의 위원은 다음 각 호의 사람으로 한다. 〈개정 2014. 4. 1.〉

1. 해당 공항에 상주(常住)하는 정부기관의 소속 직원 각 1명

2. 해당 공항운영자가 추천하는 소속 직원 1명

3. 해당 공항에 상주하는 항공운송사업자가 추천하는 소속 직원 각 1명

4. 제1호부터 제3호까지에서 규정한 사람 외에 항공보안을 위하여 위원장이 위촉하는 사람

③ 위원장은 해당 공항을 관할하는 지방항공청장 또는 지방항공청장이 소속 공무원 중에서 지명하는 사람이 된다.

④ 제2항제4호에 따른 위촉위원의 임기는 2년으로 한다. 〈신설 2016. 6. 14.〉

⑤ 위원장은 지방보안협의회를 대표하며 그 업무를 총괄한다. 〈개

정 2014. 4. 1., 2016. 6. 14.〉

⑥ 위원장은 지방보안협의회의 회의를 소집하고, 그 의장이 된다. 〈개정 2014. 4. 1., 2016. 6. 14.〉

⑦ 지방보안협의회의 사무를 처리하기 위하여 간사를 두며, 지방항공청장이 소속 공무원 중에서 임명한다. 〈개정 2014. 4. 1., 2016. 6. 14.〉

⑧ 이 영에서 규정한 사항 외에 지방보안협의회의 운영에 필요한 세부사항은 지방보안협의회의 의결을 거쳐 위원장이 정한다. 〈개정 2014. 4. 1., 2016. 6. 14.〉

[전문개정 2010. 9. 20.]

[제목개정 2014. 4. 1.]

제3조의2(지방보안협의회 위원의 제척 · 기피 · 회피) 지방보안협의회 위원의 제척 · 기피 · 회피에 관하여는 제2조의2를 준용한다.

[본조신설 2016. 6. 14.]

제3조의3(지방보안협의회 위원의 해촉 등) ① 제3조제2항제2호 또는 제3호에 따라 위원을 추천한 자는 위원이 다음 각 호의 어느 하나에 해당하는 경우에는 그 추천을 철회할 수 있다.

1. 심신장애로 인하여 직무를 수행할 수 없게 된 경우

2. 직무와 관련된 비위사실이 있는 경우

3. 직무태만, 품위손상이나 그 밖의 사유로 인하여 위원으로 적합하지 아니하다고 인정되는 경우

4. 제2조의2제1항 각 호의 어느 하나에 해당하는 데에도 불구하고 회피하지 아니한 경우

5. 위원 스스로 직무를 수행하는 것이 곤란하다고 의사를 밝히는 경우

② 지방보안협의회 위원장은 제3조제2항제4호에 따른 위원이 제1항 각 호의 어느 하나에 해당하는 경우에는 해당 위원을 해촉할 수 있다.

[본조신설 2016. 6. 14.]

제4조(지방보안협의회의 임무 등) ① 지방보안협의회는 다음 각 호의 사항을 협의한다. 〈개정 2014. 4. 1.〉

1. 법 제10조제2항에 따른 자체 보안계획의 수립 및 변경에 관한 사항

2. 공항시설의 보안에 관한 사항

3. 항공기의 보안에 관한 사항

4. 법 제31조제2항에 따른 자체 우발계획의 수립·시행에 관한 사항

5. 제1호부터 제4호까지에서 규정한 사항 외에 공항 및 항공기의 보안에 관한 사항

② 위원장은 제1항 각 호에 해당하는 사항을 협의한 경우에는 국토교통부장관에게 보고하여야 한다. 〈개정 2013. 3. 23.〉

[전문개정 2010. 9. 20.]

[제목개정 2014. 4. 1.]

제5조(기본계획의 수립·변경 등) ① 법 제9조제1항에 따른 항공보안에 관한 기본계획(이하 “기본계획”이라 한다)에는 다음 각 호의 내용이 포함되어야 한다. 〈개정 2014. 4. 1.〉

1. 국내외 항공보안 환경의 변화 및 전망

2. 국내 항공보안 현황 및 경쟁력 강화에 관한 사항

3. 국가 항공보안정책의 목표, 추진방향 및 단계별 추진계획

4. 항공보안 전문인력의 양성 및 항공보안 기술의 개발에 관한 사항

5. 그 밖에 항공보안 발전을 위하여 필요한 사항

② 국토교통부장관은 기본계획을 수립하거나 변경하는 경우에는 보안협의회의 협의를 거쳐야 한다. 〈신설 2014. 4. 1.〉

③ 국토교통부장관은 기본계획을 수립하거나 변경한 경우에는 그 내용을 법 제9조제1항에 따른 공항운영자등(이하 "공항운영자등"이라 한다)에게 통보하여야 한다. 〈개정 2013. 3. 23., 2014. 4. 1.〉

[전문개정 2010. 9. 20.]

[제목개정 2014. 4. 1.]

제5조의2(시행계획의 수립ㆍ변경 등) ① 국토교통부장관은 기본계획에 포함된 제5조제1항제3호에 따른 단계별 추진계획에 따라 매년 항공보안에 관한 시행계획(이하 "시행계획"이라 한다)을 수립하여야 한다.

② 국토교통부장관은 시행계획을 수립하거나 변경하는 경우에는 보안협의회의 협의를 거쳐야 한다.

③ 국토교통부장관은 시행계획을 수립하거나 변경한 경우에는 그 내용을 공항운영자등에게 통보하여야 한다.

[본조신설 2014. 4. 1.]

제6조(생체정보를 활용한 본인 일치 여부 확인 방법) ① 공항운영자

및 항공운송사업자가 관계 행정기관이 보유하고 있는 얼굴·지문·홍채 및 손바닥 정맥 등 개인을 식별할 수 있는 신체적 특징에 관한 개인정보(이하 "생체정보"라 한다)를 이용하여 법 제14조의2제1항제1호에 따른 보호구역으로 진입하는 사람 또는 같은 항 제2호에 따른 탑승권을 발권, 수하물을 위탁하거나 항공기에 탑승하는 승객(이하 이 조에서 "승객등"이라 한다)에 대한 본인 일치 여부를 확인하는 방법은 다음 각 호와 같다.

1. 공항운영자 및 항공운송사업자가 「개인정보 보호법 시행령」 제19조제1호에 따른 주민등록번호 및 「출입국관리법」 제2조제4호에 따른 여권의 번호(이하 이 조에서 "주민등록번호등"이라 한다)를 관계 행정기관에 제공하고 관계 행정기관으로부터 해당 주민등록번호등의 주체가 되는 사람의 생체정보를 제공받아 승객등으로부터 제공받은 생체정보와 대조하는 방법

2. 공항운영자 및 항공운송사업자가 승객등의 생체정보와 주민등록번호등을 관계 행정기관에 제공하고 관계 행정기관으로부터 해당 주민등록번호등의 주체가 되는 사람의 생체정보 일치 여부를 회신받는 방법

② 공항운영자 및 항공운송사업자는 법 제14조의2제1항에 따른 본인 일치 여부 확인을 위하여 불가피한 경우에는 「개인정보 보호법 시행령」 제19조제1호에 따른 주민등록번호가 포함된 자료를 처리할 수 있다.

③ 제1항 각 호에 따른 생체정보의 이용 방법 및 절차에 관한 세부사항은 공항운영자 및 항공운송사업자와 관계 행정기관이 협의하

여 정한다.

[본조신설 2024. 5. 14.]

제7조(생체정보 등의 파기) ① 공항운영자 및 항공운송사업자는 생체정보를 이용하여 본인 일치 여부를 확인한 경우에는 법 제14조의2제4항 및 제5항에 따라 다음 각 호의 정보를 즉시 파기해야 한다.

1. 제6조제1항제1호에 따라 관계 행정기관으로부터 제공받은 생체정보

2. 제6조제1항제2호에 따라 관계 행정기관으로부터 회신받은 생체정보의 일치 여부에 관한 정보

② 제1항 각 호의 정보를 파기할 때에는 「개인정보 보호법 시행령」 제16조에 따른 방법으로 해야 한다.

[본조신설 2024. 5. 14.]

제8조(생체정보의 이용 및 파기 실태 점검) ① 국토교통부장관은 법 제14조의2제4항에 따라 생체정보를 보호하기 위하여 연 1회 이상 제7조제1항 각 호의 정보(이하 이 조에서 "생체정보등"이라 한다)의 이용 및 파기 실태를 점검해야 한다.

② 국토교통부장관은 제1항에 따른 점검을 위하여 공항운영자 및 항공운송사업자에게 생체정보등의 이용 및 파기 현황에 관한 자료를 요청할 수 있다.

③ 국토교통부장관은 제1항에 따라 생체정보등의 이용 및 파기 실태를 점검한 경우에는 그 결과를 법 제14조의2제2항에 따른 관계 행정기관에 통지해야 한다.

④ 제1항부터 제3항까지에서 규정한 사항 외에 생체정보등의 이

용 및 파기 실태 점검에 관하여 필요한 세부사항은 국토교통부장관과 법 제14조의2제2항에 따른 관계 행정기관이 협의하여 정한다.

[본조신설 2024. 5. 14.]

제9조 삭제 〈2010. 9. 20.〉

제10조(승객 및 휴대물품의 보안검색방법 등) ① 공항운영자는 법 제15조에 따라 항공기 탑승 전에 모든 승객 및 휴대물품에 대하여 법 제27조에 따라 국토교통부장관이 고시하는 항공보안장비(이하 "검색장비등"이라 한다)를 사용하여 보안검색을 하여야 한다. 이 경우 승객에 대해서는 문형금속탐지기 또는 원형검색장비를, 휴대물품에 대해서는 엑스선 검색장비를 사용하여 보안검색을 하여야 하며, 폭발물이나 위해물품이 있다고 의심되는 경우에는 폭발물 탐지장비 등 필요한 검색장비등을 추가하여 보안검색을 하여야 한다. 〈개정 2013. 3. 23., 2014. 4. 1., 2017. 5. 8.〉

② 삭제 〈2014. 4. 1.〉

③ 공항운영자는 다음 각 호의 어느 하나에 해당하는 경우에는 승객의 동의를 받아 직접 신체에 대한 검색을 하거나 개봉검색을 하여야 한다. 이 경우 제5호에 해당하는 경우에는 폭발물 흔적탐지장비 등 필요한 검색장비등을 추가하여 보안검색을 하여야 한다. 〈개정 2014. 4. 1., 2017. 5. 8.〉

1. 검색장비등이 정상적으로 작동하지 아니하는 경우

2. 검색장비등의 경보음이 울리는 경우

3. 무기류나 위해(危害)물품을 휴대(携帶)하거나 숨기고 있다고 의심되는 경우

4. 엑스선 검색장비에 의한 검색결과 그 내용물을 판독할 수 없는 경우

5. 엑스선 검색장비로 보안검색을 할 수 없는 크기의 단일 휴대물품인 경우

④ 공항운영자는 기내에서 휴대가 금지되는 물품이 항공보안에 위해(危害)가 되지 아니하다고 인정되는 경우에는 위탁수하물로 탑재(搭載)를 하게 할 수 있다. 〈개정 2014. 4. 1.〉

[전문개정 2010. 9. 20.]

제11조(위탁수하물의 보안검색방법 등) ① 항공운송사업자는 법 제15조에 따라 탑승권을 소지한 승객의 위탁수하물에 대해서만 공항운영자에게 보안검색을 의뢰하여야 한다. 이 경우 항공운송사업자는 공항운영자에게 보안검색을 의뢰하기 전에 그 위탁수하물이 탑승권을 소지한 승객의 소유인지 및 위해물품인지를 확인하여야 한다.

② 공항운영자는 제1항에 따른 위탁수하물에 대하여 항공기 탑재 전에 엑스선 검색장비를 사용하여 보안검색을 하여야 한다. 〈신설 2017. 5. 8.〉

③ 공항운영자는 다음 각 호의 어느 하나에 해당하는 경우에는 항공기 탑재 전에 위탁수하물을 개봉하여 그 내용물을 검색하여야 한다. 이 경우 폭발물이나 위해물품이 있다고 의심되는 경우 또는 제3호의2에 해당하는 경우에는 폭발물 흔적탐지장비 등 필요한 검색장비등을 추가하여 보안검색을 하여야 한다. 〈개정 2014. 4. 1., 2017. 5. 8.〉

1. 엑스선 검색장비가 정상적으로 작동하지 아니한 경우

2. 무기류 또는 위해물품이 숨겨져 있다고 의심되는 경우

3. 엑스선 검색장비에 의한 검색결과 그 내용물을 판독할 수 없는 경우

3의2. 엑스선 검색장비로 보안검색을 할 수 없는 크기의 단일 위탁수하물인 경우

4. 제1호부터 제3호까지 및 제3호의2에서 규정한 경우 외에 항공보안에 위협이 증가하는 등 특별한 사유가 발생하는 경우

④ 공항운영자는 보안검색이 끝난 위탁수하물이 보안검색이 완료되지 아니한 위탁수하물과 혼재되지 아니하도록 하여야 한다. 〈개정 2017. 5. 8.〉

⑤ 항공운송사업자는 보안검색이 끝난 위탁수하물을 항공기에 탑재하기 전까지 보호조치를 하여야 하며, 항공기에 탑재된 위탁수하물이 탑승한 승객의 소유인지를 확인하여 그 소유자가 항공기에 탑승하지 아니한 경우에는 그 위탁수하물을 운송해서는 아니 된다. 다만, 그 위탁수하물에 대한 운송처리를 잘못하여 다른 항공기로 운송하여야 할 경우에는 별도의 보안조치를 한 후에 탑재할 수 있다. 〈개정 2017. 5. 8.〉

[전문개정 2010. 9. 20.]

제12조(화물에 대한 보안검색방법 등) ① 법 제15조에 따라 여객기에 탑재하는 화물에 대한 항공운송사업자의 보안검색에 대해서는 제11조제2항 및 제3항을 준용한다. 〈개정 2017. 5. 8.〉

② 항공운송사업자는 화물기에 탑재하는 화물에 대해서는 다음 각 호의 어느 하나에 해당하는 방법으로 보안검색을 하여야 한다.

1. 개봉검색

2. 엑스선 검색장비에 의한 검색

3. 폭발물 탐지장비 또는 폭발물 흔적탐지장비에 의한 검색

4. 폭발물 탐지견에 의한 검색

5. 압력실을 사용한 검색

[전문개정 2010. 9. 20.]

제13조(특별 보안검색방법) ① 공항운영자는 법 제15조에 따라 의료보조장치를 착용한 장애인, 임산부 또는 중환자 등 국토교통부장관이 인정하는 사람에 대해서는 보안검색 장소 외의 별도의 장소에서 보안검색을 할 수 있다. 〈개정 2013. 3. 23.〉

② 공항운영자는 다음 각 호의 요건을 모두 갖춘 외교행낭에 대해서는 개봉검색을 하여서는 아니 된다.

1. 외교행낭은 외교신서사(外交信書使)의 신분을 증명할 수 있는 공문서 및 외교행낭의 수를 표시한 공문서를 소지한 사람과 함께 운송될 것

2. 외교행낭의 외부에 외교행낭임을 알아볼 수 있는 표지와 국가표시가 있을 것

③ 법 제15조에 따라 공항운영자 또는 항공운송사업자는 다음 각 호의 어느 하나에 해당하는 것에 대해서는 개봉검색을 하거나 증명서류 확인 및 폭발물 흔적탐지장비에 의한 검색 등의 방법으로 보안검색을 할 수 있다. 〈개정 2013. 3. 23., 2014. 4. 1., 2017. 5. 8., 2021. 3. 9.〉

1. 골수·혈액·조혈모세포(造血母細胞) 등 인체조직과 관련된 의

료품

1의2. 생물학적 제제(製劑), 유전자재조합의약품, 세포배양의약품, 세포치료제, 유전자치료제 및 이와 유사한 바이오 의약품

2. 유골, 유해

3. 이식용 장기

4. 살아있는 동물

4의2. 의료용·과학용 필름

5. 제1호, 제1호의2, 제2호부터 제4호까지 및 제4호의2에서 규정한 사항 외에 검색장비등에 의하여 보안검색을 하는 경우 본래의 형질이 손상되거나 변질될 수 있는 것 등으로서 국토교통부장관의 허가를 받은 것

[전문개정 2010. 9. 20.]

제14조(관할 국가경찰관서의 장의 필요한 조치 요구) 법 제15조제2항 단서에 따라 관할 국가경찰관서의 장은 범죄의 수사 및 공공의 위험예방을 위하여 필요한 경우 공항운영자 또는 항공운송사업자에게 다음 각 호의 필요한 조치를 요구할 수 있나. 다만, 그 이행에 예산이 수반되거나 항공보안검색요원의 증원계획에 관한 사항은 서면으로 요구하여야 한다.

1. 보안검색대상자에 대한 불심검문, 신체 또는 물품의 수색 등에 대한 협력

2. 제10조부터 제12조까지의 규정에 따른 보안검색방법 중 필요하다고 인정되는 방법에 의한 보안검색

3. 보안검색강화를 위한 항공보안검색요원의 증원배치

[전문개정 2010. 9. 20.]

제15조(보안검색의 면제) ① 다음 각 호의 어느 하나에 해당하는 사람(휴대물품을 포함한다)에 대해서는 법 제15조에 따른 보안검색을 면제할 수 있다. 〈개정 2018. 5. 8.〉

1. 공무로 여행을 하는 대통령(대통령당선인과 대통령권한대행을 포함한다)과 외국의 국가원수 및 그 배우자

2. 국제협약 등에 따라 보안검색을 면제받도록 되어 있는 사람

3. 국내공항에서 출발하여 다른 국내공항에 도착한 후 국제선 항공기로 환승하려는 경우로서 다음 각 목의 요건을 모두 갖춘 승객 및 승무원

가. 출발하는 국내공항에서 법 제15조제1항에 따른 보안검색을 완료하고 국내선 항공기에 탑승하였을 것

나. 국제선 항공기로 환승하기 전까지 보안검색이 완료된 구역을 벗어나지 아니할 것

② 다음 각 호의 요건을 모두 갖춘 외교행낭에 대해서는 법 제15조에 따른 보안검색을 면제할 수 있다. 〈개정 2013. 3. 23.〉

1. 제13조제2항 각 호의 요건을 모두 갖출 것

2. 불법방해행위를 하는 데에 사용할 수 있는 무기 또는 폭발물 등 위험성이 있는 물건들이 없다는 것을 증명하는 해당 국가 공관의 증명서를 국토교통부장관이 인증할 것

③ 다음 각 호의 요건을 모두 갖춘 위탁수하물을 환적(옮겨 싣기)하는 경우에는 법 제15조에 따른 보안검색을 면제할 수 있다. 〈개정 2013. 3. 23., 2021. 1. 5.〉

1. 출발 공항에서 탑재 직전에 적절한 수준으로 보안검색이 이루어질 것

2. 출발 공항에서 탑재된 후에 환승 공항에 도착할 때까지 계속해서 외부의 비인가 접촉으로부터 보호받을 것

3. 국토교통부장관이 제1호 및 제2호의 사항을 확인하기 위하여 출발 공항의 보안통제 실태를 직접 확인하고 해당 국가와 협약을 체결할 것

④ 항공운송사업자는 외교신서사가 탑승하지 아니한 경우에는 제2항에 따라 보안검색이 면제된 외교행낭을 운송해서는 아니 된다.

[전문개정 2010. 9. 20.]

제15조의2(승객의 본인 일치 여부를 확인할 수 있는 신분증명서의 종류) ① 법 제15조의2제1항에서 “주민등록증, 여권 등 대통령령으로 정하는 신분증명서”란 다음 각 호의 증명서(정부가 인증하여 전자적 형태로 발급하는 증명서를 포함한다. 이하 이 조 및 제15조의3에서 같다)나 서류를 말한다.

1. 다음 각 목의 증명서나 서류

가. 「주민등록법」 제24조에 따른 주민등록증

나. 「여권법」 제4조 및 「출입국관리법」에 따른 여권

다. 「도로교통법」 제85조에 따른 운전면허증 및 같은 법 제96조에 따른 국제운전면허증

라. 「장애인복지법」 제32조에 따른 장애인등록증

마. 「출입국관리법」 제33조에 따른 외국인등록증 및 같은 법 시행령 제1조제4항에 따른 승무원등록증

바. 「재외동포의 출입국과 법적 지위에 관한 법률」 제7조제1항에 따른 국내거소신고증

사. 「선원법」 제45조에 따른 선원수첩

2. 사진이 붙어 있고 성명 및 생년월일 등이 포함되어 본인임을 확인할 수 있는 증명서나 서류로서 국토교통부령으로 정하는 것

3. 항공기에 탑승하는 사람이 19세 미만인 경우 성명 및 생년월일 등이 포함되어 본인임을 확인할 수 있는 증명서나 서류로서 국토교통부령으로 정하는 것

② 제1항에 따른 증명서나 서류(이하 "신분증명서"라 한다)에 유효기간이나 갱신기간이 적혀 있는 경우에는 그 유효기간이나 갱신기간이 지나지 않아야 한다.

[본조신설 2022. 1. 25.]

[종전 제15조의2는 제15조의4로 이동 〈2022. 1. 25.〉]

제15조의3(본인 일치 여부 확인방법 및 절차 등) ① 공항운영자와 항공운송사업자가 법 제15조의2제2항에 따라 항공기에 탑승하려는 사람의 본인 일치 여부를 확인하는 경우에는 다음 각 호의 구분에 따른 방법으로 하여야 한다.

1. 공항운영자: 항공기에 탑승하기 위해 보호구역으로 진입하는 사람에 대해서는 탑승권과 신분증명서를 대조하는 방법

2. 항공운송사업자: 다음 각 목의 사람에 대하여 해당 목에서 정하는 방법

가. 탑승권을 발권하는 사람: 신분증명서를 확인하거나 탑승권 예약 정보와 신분증명서를 대조하는 방법

나. 수하물을 위탁하거나 국제선 항공기에 탑승하는 사람: 탑승권과 신분증명서를 대조하는 방법

② 공항운영자와 항공운송사업자는 제1항에 따른 방법으로 본인 일치 여부를 확인할 때 신분증명서에 첨부된 사진으로 본인 일치 여부를 확인하기 어려운 경우나 신분증명서에 사진이 첨부되어 있지 않은 경우에는 항공기에 탑승하려는 사람에 대한 질문 등을 통해 그 일치 여부를 추가적으로 확인할 수 있다.

③ 공항운영자와 항공운송사업자는 제2항에도 불구하고 항공기에 탑승하는 사람이 14세 미만인 경우에는 국토교통부령으로 정하는 방법에 따라 본인 일치 여부를 확인할 수 있다.

④ 법 제15조의2제2항 단서에서 "생체정보를 통하여 본인 일치 여부가 확인되는 등 대통령령으로 정하는 경우"란 다음 각 호의 경우를 말한다.

1. 생체정보를 활용하여 본인 일치 여부가 확인되는 경우

2. 정보통신기기를 이용하여 본인 일치 여부가 확인되는 경우

[본조신설 2022. 1. 25.]

제15조의4(승객이 아닌 사람 등에 대한 보안검색방법 등) ① 공항운영자 또는 화물터미널운영자가 법 제16조제1항 또는 제2항에 따라 보호구역으로 들어가는 사람에 대하여 보안검색을 하는 경우에는 제10조제1항 및 제3항을 준용한다.

② 공항운영자 또는 화물터미널운영자가 법 제16조제1항 또는 제2항에 따라 보호구역으로 들어가는 물품에 대하여 보안검색을 하는 경우에는 제11조제2항부터 제4항까지를 준용한다.

[본조신설 2017. 5. 8.]

[제15조의2에서 이동 〈2022. 1. 25.〉]

제16조(통과 승객 또는 환승 승객의 보안검색방법) ①공항운영자가 법 제17조제2항에 따라 통과 승객 또는 환승 승객에 대하여 보안검색을 하는 경우에는 제10조·제11조·제13조 및 제15조를 준용한다. 〈개정 2016. 6. 14.〉

② 삭제 〈2018. 5. 8.〉

[전문개정 2010. 9. 20.]

[제목개정 2018. 5. 8.]

제17조(보안검색이 완료되지 아니한 사람 등에 대한 조치) ① 공항운영자 및 항공운송사업자는 보안검색이 완료되지 아니한 승객·휴대물품·위탁수하물 및 화물이 보안검색이 완료된 구역으로 혼입되지 아니하도록 하여야 한다. 〈개정 2014. 4. 1.〉

② 항공운송사업자는 통과 승객이 지정항공기를 탑승하지 아니하고 통과 지역을 무단으로 벗어나지 아니하도록 하여야 한다.

[전문개정 2010. 9. 20.]

[제목개정 2014. 4. 1.]

제18조(다른 직무의 금지 등) 공항운영자·항공운송사업자 또는 법 제15조제3항(법 제16조 및 제17조제5항에서 준용하는 경우를 포함한다)에 따라 보안검색을 위탁받은 업체는 항공보안검색요원이 보안검색 업무를 수행 중인 때에는 보안검색 업무 외의 다른 업무를 수행하게 하여서는 아니 된다. 〈개정 2014. 4. 1.〉

[전문개정 2010. 9. 20.]

제18조의2(특정 직무의 수행) 법 제21조제3항에서 “경호업무, 범죄인 호송업무 등 대통령령으로 정하는 특정한 직무”란 다음 각 호의 업무를 말한다. 〈개정 2014. 4. 1., 2021. 1. 5., 2024. 5. 14.〉

1. 「대통령 등의 경호에 관한 법률」에 따른 경호업무

2. 「경찰관 직무집행법」에 따른 주요 인사(人士) 경호업무

3. 외국정부의 중요 인물을 경호하는 해당 정부의 경호업무

4. 법 제24조에 따른 호송대상자에 대한 호송업무

5. 항공기 내의 불법방해행위를 방지하는 항공기내보안요원의 업무

[본조신설 2010. 9. 20.]

제19조(기내 반입무기) 법 제21조제3항에서 “대통령령으로 정하는 무기”란 다음 각 호의 무기를 말한다. 〈개정 2014. 4. 1., 2016. 1. 6., 2024. 5. 14.〉

1. 「총포ㆍ도검ㆍ화약류 등의 안전관리에 관한 법률 시행령」 제3조에 따른 권총

2. 「총포ㆍ도검ㆍ화약류 등의 안전관리에 관한 법률 시행령」 제6조의2에 따른 분사기

3. 「총포ㆍ도검ㆍ화약류 등의 안전관리에 관한 법률 시행령」 제6조의3에 따른 전자충격기

4. 국제협약 또는 외국정부와의 합의서에 의하여 휴대가 허용되는 무기

[전문개정 2010. 9. 20.]

제19조의2(인증업무의 위탁) 법 제27조의3에서 “대통령령으로 정하

는 기관"이란 「항공안전기술원법」에 따른 항공안전기술원을 말한다.

[본조신설 2018. 5. 8.]

[종전 제19조의2는 제19조의3으로 이동 〈2018. 5. 8.〉]

제19조의3(합동 현장점검의 실시) ① 법 제33조제2항에 따라 국토교통부장관이 관계 행정기관과 합동으로 현장점검을 실시할 수 있는 경우는 다음 각 호와 같다. 〈개정 2013. 3. 23., 2014. 4. 1.〉

1. 국가원수 또는 국제기구의 대표 등 국내외 중요인사가 참석하는 국제회의가 개최되는 경우

2. 올림픽경기대회·아시아경기대회 또는 국제박람회 등 국제행사가 개최되는 경우

3. 국내외 정보수사기관으로부터 구체적 테러 첩보 또는 보안위협 정보를 알게 된 경우

4. 제1호부터 제3호까지에서 규정한 경우 외에 공항시설 및 항공기의 보안 유지를 위하여 국토교통부장관이 필요하다고 인정하는 경우

② 제1항에 따라 합동으로 현장점검을 실시하려는 행정기관은 그 필요성 및 점검항목 등에 관하여 미리 국토교통부장관과 협의하여야 한다. 다만, 긴급을 요하는 경우에는 그러하지 아니하다. 〈개정 2013. 3. 23.〉

[전문개정 2010. 9. 20.]

[제19조의2에서 이동, 종전 제19조의3은 제19조의4로 이동 〈2018. 5. 8.〉]

제19조의4(항공보안 자율신고업무의 위탁) 국토교통부장관은 법 제33조의2제4항 전단에 따라 항공보안 자율신고의 접수·분석·전파

에 관한 업무를 「한국교통안전공단법」에 따른 한국교통안전공단에 위탁한다. 〈개정 2019. 2. 8.〉

[본조신설 2014. 4. 1.]

[제19조의3에서 이동 〈2018. 5. 8.〉]

제20조(권한의 위임) 국토교통부장관은 법 제38조제1항에 따라 다음 각 호의 권한을 지방항공청장에게 위임한다. 〈개정 2013. 3. 23., 2014. 4. 1., 2015. 10. 29., 2024. 5. 14.〉

1. 법 제2조제3호에 따른 항공운송사업자 중 소형항공운송사업자 및 외국인 국제항공운송사업자가 법 제10조제2항에 따라 수립하는 자체 보안계획의 승인 또는 변경승인

2. 법 제2조제4호부터 제6호까지의 규정에 따른 업체가 법 제10조제2항에 따라 수립하는 자체 보안계획의 승인 또는 변경승인

3. 법 제12조에 따른 공항시설 보호구역과 임시 보호구역의 지정 및 지정취소의 승인

3의2. 법 제15조제2항 및 이 영 제13조제1항에 따른 특별 보안검색 대상의 인정

3의3. 법 제15조제2항 및 이 영 제13조제3항제5호에 따른 허가

3의4. 법 제15조제2항 및 이 영 제15조제2항제2호에 따른 증명서의 인증

4. 법 제15조제7항 및 제8항(법 제16조 및 제17조제5항에서 준용하는 경우를 포함한다)에 따른 보안검색 위탁업체의 지정 및 지정취소

4의2. 법 제17조의2 및 제17조의3에 따른 상용화주의 지정 및

지정 취소

5. 법 제19조제1항에 따른 보안검색 실패 등의 보고 접수

5의2. 법 제19조제2항에 따른 항공보안을 위한 필요한 조치

5의3. 법 제19조제3항에 따른 보안검색 등 보안조치

5의4. 법 제21조제3항 및 제5항에 따른 항공기내 무기 반입의 허가

6. 법 제31조제3항 본문에 따른 자체 우발계획의 승인 또는 변경승인(자체 보안계획과 별도로 승인 또는 변경승인을 받는 경우만 해당한다)

7. 법 제33조제1항에 따른 항공보안 감독관(해당 지방항공청장 소속 항공보안 감독관만 해당한다)을 통한 점검업무 수행

8. 법 제33조제3항에 따른 서류 및 자료 제출 요구(제7호에 따른 점검업무 수행과 관련된 경우만 해당한다)

9. 법 제33조제4항에 따른 시정조치 또는 보안대책 수립 명령(제7호에 따른 점검업무 수행과 관련된 경우만 해당한다)

10. 법 제37조제1호 및 제2호에 따른 청문의 실시

11. 법 제51조제4항에 따른 과태료의 부과 · 징수(지방항공청장에게 위임된 사무와 관련된 사항만 해당한다)

[본조신설 2010. 9. 20.]

제20조의2 삭제 〈2020. 3. 3.〉

제21조(과태료의 부과기준) 법 제51조제1항부터 제3항까지의 규정에 따른 과태료의 부과기준은 별표와 같다.

[본조신설 2014. 4. 1.]

부칙 〈제17790호, 2002. 11. 29.〉

제63조 제3항제22호 차목을 삭제한다.

부칙 〈제18349호, 2004. 3. 29.〉

이 영은 2004년 4월 1일부터 시행한다.

부칙 〈제18938호, 2005. 7. 5.〉

이 영은 공포 후 1월이 경과한 날부터 시행한다.

부칙 〈제19513호, 2006. 6. 12.〉 (고위공무원단 인사규정)

제1조 (시행일) 이 영은 2006년 7월 1일부터 시행한다.

제2조 및 제3조 생략

제4조 (다른 법령의 개정) ①내지 〈226〉생략

〈227〉항공안전 및 보안에 관한 법률 시행령 일부를 다음과 같이 개정한다.

제2조제2항제1호중 "공무원"을 "공무원(고위공무원단에 속하는 일반직공무원 또는 별정직공무원을 포함한다)"로 한다.

〈228〉내지 〈241〉생략

부칙 〈제19545호, 2006. 6. 22.〉

이 영은 2006년 6월 25일부터 시행한다.

부칙 〈제19563호, 2006. 6. 29.〉 (제주특별자치도 설치 및

국제자유도시 조성을 위한 특별법 시행령)

제1조 (시행일) 이 영은 2006년 7월 1일부터 시행한다.

제2조 내지 제6조 생략

제7조 (다른 법령의 개정) ①내지 ⑱생략

⑲항공안전 및 보안에 관한 법률 시행령 일부를 다음과 같이 개정한다.

제14조의 제목 및 각 호 외의 부분중 "경찰관서"를 각각 "국가경찰관서"로 한다.

⑳내지 ㉜생략

제8조 생략

부칙 〈제20722호, 2008. 2. 29.〉 (국토해양부와 그 소속기관 직제)

제1조(시행일) 이 영은 공포한 날부터 시행한다. 다만, 부칙 제6조에 따라 개정되는 대통령령 중 이 영의 시행 전에 공포되었으나 시행일이 도래하지 아니한 대통령령을 개정한 부분은 각각 해당 대통령령의 시행일부터 시행한다.

제2조 부터 제5조까지 생략

제6조(다른 법령의 개정) ① 부터 〈117〉 까지 생략

〈118〉 항공안전 및 보안에 관한 법률 시행령 일부를 다음과 같이 개정한다.

제2조제2항제1호 중 "문화관광부 · 농림부 · 보건복지부"을 "문화체육관광부 · 농림수산식품부 · 보건복지가족부"로 한다.

제2조제2항제2호 및 제5항, 제5조제2항, 제6조제1항 각 호 외의 부분 및 제2항, 제9조 각 호 외의 부분, 제19조의2제1항 각 호 외의 부분 및 제3호, 제20조 각 호 외의 부분 중 "건설교통부장관"을 "국토해양부장관"으로 한다.

제9조 각 호 외의 부분 중 "건설교통부령"을 "국토해양부령"으로 한다.

〈119〉 부터 〈138〉 까지 생략

부칙 〈제20778호, 2008. 5. 6.〉 (항공법 시행령)

제1조 (시행일) 이 영은 공포한 날부터 시행한다. · · · 〈생략〉 · · · 부칙 제3조는 2008년 6월 22일부터 시행한다.

제2조 생략

제3조 (다른 법령의 개정) 항공안전 및 보안에 관한 법률 시행령 일부를 다음과 같이 개정한다.

제9조 각 호 외의 부분 중 "항공기취급업체"를 "항공기취급업체 · 항공기정비업체"로 한다.

부칙 〈제21473호, 2009. 5. 6.〉 (국토해양부와 그 소속기관 직제)

제1조(시행일) 이 영은 공포한 날부터 시행한다.

제2조(다른 법령의 개정) ① 부터 ⑤ 까지 생략

⑥ 항공안전 및 보안에 관한 법률 시행령 일부를 다음과 같이 개정한다.

제12조제3항, 제13조제1항 및 같은 조 제3항제4호 중 “항공안전본부장”을 각각 “국토해양부장관”으로 한다.

제20조를 삭제한다.

⑦ 생략

부칙 〈제22075호, 2010. 3. 15.〉 (보건복지부와 그 소속기관 직제)

제1조(시행일) 이 영은 2010년 3월 19일부터 시행한다. 〈단서 생략〉

제2조(다른 법령의 개정) ① 부터 〈177〉 까지 생략

〈178〉 항공안전 및 보안에 관한 법률 시행령 일부를 다음과 같이 개정한다.

제2조제2항제1호 중 “보건복지가족부”를 “보건복지부”로 한다.

〈179〉 부터 〈187〉 까지 생략

부칙 〈제22400호, 2010. 9. 20.〉

이 영은 2010년 9월 23일부터 시행한다.

부칙 〈제24443호, 2013. 3. 23.〉 (국토교통부와 그 소속기관 직제)

제1조(시행일) 이 영은 공포한 날부터 시행한다. 〈단서 생략〉

제2조 부터 제5조까지 생략

제6조(다른 법령의 개정) ①부터 〈101〉까지 생략

〈102〉 항공안전 및 보안에 관한 법률 시행령 일부를 다음과 같이 개정한다.

제2조제2항 각 호 외의 부분 중 "국토해양부"를 "국토교통부"로 하고, 같은 항 제1호를 다음과 같이 한다.

1. 외교부 · 법무부 · 국방부 · 문화체육관광부 · 농림축산식품부 · 보건복지부 · 국토교통부 · 국가정보원 · 관세청 · 경찰청 및 해양경찰청의 고위공무원단 또는 이에 상당하는 직급의 공무원 중 소속 기관의 장이 지명하는 사람 각 1명

제2조제2항제2호 · 제6항, 제4조제2항, 제5조제2항, 제10조제1항 전단, 제13조제1항, 같은 조 제3항제5호, 제15조제2항제2호, 같은 조 제3항제3호, 제19조의2제1항 각 호 외의 부분, 같은 항 제4호, 같은 조 제2항 본문 및 제20조 각 호 외의 부분 중 "국토해양부장관"을 각각 "국토교통부장관"으로 한다.

〈103〉부터 〈146〉까지 생략

부칙 〈제25291호, 2014. 4. 1.〉

제1조(시행일) 이 영은 2014년 4월 6일부터 시행한다.

제2조(위탁수하물의 보안검색방법 등에 관한 적용례) 제11조제2항 및 제13조제3항의 개정규정은 이 영 시행 후 보안검색을 하는 경우부터 적용한다.

제3조(기내 반입무기의 범위에 관한 적용례) 제19조의 개정규정은 이 영 시행 후 기내에 반입하는 경우부터 적용한다.

제4조(과태료 부과의 횟수에 관한 경과조치) 이 영 시행 전의 위반

행위로 받은 과태료 부과처분은 별표의 개정규정에 따른 위반행위의 횟수 산정에 포함하지 아니한다.

부칙 〈제25751호, 2014. 11. 19.〉 (행정자치부와 그 소속기관 직제)

제1조(시행일) 이 영은 공포한 날부터 시행한다. 다만, 부칙 제5조에 따라 개정되는 대통령령 중 이 영 시행 전에 공포되었으나 시행일이 도래하지 아니한 대통령령을 개정한 부분은 각각 해당 대통령령의 시행일부터 시행한다.

제2조 부터 제4조까지 생략

제5조(다른 법령의 개정) ①부터 〈377〉까지 생략

〈378〉 항공보안법 시행령 일부를 다음과 같이 개정한다.

제2조제2항제1호 중 "국가정보원 · 관세청 · 경찰청 및 해양경찰청"을 "국민안전처 · 국가정보원 · 관세청 및 경찰청"으로 한다.

〈379〉부터 〈418〉까지 생략

부칙 〈제25840호, 2014. 12. 9.〉 (규제 재검토기한 설정 등 규제정비를 위한 건축법 시행령 등 일부개정령)

제1조(시행일) 이 영은 2015년 1월 1일부터 시행한다.

제2조 부터 제16조까지 생략

부칙 〈제26604호, 2015. 10. 29.〉

제1조(시행일) 이 영은 공포한 날부터 시행한다.

제2조(권한 위임에 관한 경과조치) 이 영 시행 당시 다음 각 호의 어느 하나에 해당하는 사무의 절차가 진행 중인 경우에는 제20조제3호의3, 제3호의4, 제5호의4 및 제11호의 개정규정에도 불구하고 종전의 규정에 따른 권한을 가진 자가 해당 사무를 처리한다.

1. 법 제15조제2항 및 이 영 제13조제3항제5호에 따른 허가

2. 법 제15조제2항 및 이 영 제15조제2항제2호에 따른 증명서의 인증

3. 법 제21조제2항 및 제4항에 따른 항공기내 무기 반입의 허가

4. 법 제51조제4항에 따른 과태료의 부과 · 징수(지방항공청장에게 위임된 사무와 관련된 사항만 해당한다)

부칙 〈제26858호, 2016. 1. 6.〉 (총포 · 도검 · 화약류 등의 안전관리에 관한 법률 시행령)

제1조(시행일) 이 영은 2016년 1월 7일부터 시행한다.

제2조(다른 법령의 개정) ①부터 ⑥까지 생략

⑦ 항공보안법 시행령 일부를 다음과 같이 개정한다.

제19조제1호부터 제3호까지 중 "「총포 · 도검 · 화약류 등 단속법 시행령」"을 각각 "「총포 · 도검 · 화약류 등의 안전관리에 관한 법률 시행령」"으로 한다.

제3조 생략

부칙 〈제27224호, 2016. 6. 14.〉

이 영은 공포한 날부터 시행한다.

부칙 〈제27751호, 2016. 12. 30.〉 (규제 재검토기한 설정 등을 위한 가맹사업거래의 공정화에 관한 법률 시행령 등 일부개정령)

제1조(시행일) 이 영은 2017년 1월 1일부터 시행한다. 〈단서 생략〉

제2조 부터 제12조까지 생략

부칙 〈제28034호, 2017. 5. 8.〉

이 영은 공포한 날부터 시행한다.

부칙 〈제28211호, 2017. 7. 26.〉 (행정안전부와 그 소속기관 직제)

제1조(시행일) 이 영은 공포한 날부터 시행한다. 다만, 부칙 제8조에 따라 개정되는 대통령령 중 이 영 시행 전에 공포되었으나 시행일이 도래하지 아니한 대통령령을 개정한 부분은 각각 해당 대통령령의 시행일부터 시행한다.

제2조 부터 제7조까지 생략

제8조(다른 법령의 개정) ①부터 〈305〉까지 생략

〈306〉 항공보안법 시행령 일부를 다음과 같이 개정한다.

제2조제2항제1호 중 "국민안전처 · 국가정보원 · 관세청 및 경찰청"을 "국가정보원 · 관세청 · 경찰청 및 해양경찰청"으로 한다.

〈307〉부터 〈388〉까지 생략

부칙 〈제28876호, 2018. 5. 8.〉

이 영은 공포한 날부터 시행한다. 다만, 제19조의2의 개정규정은

2018년 10월 25일부터 시행한다.

부칙 <제29256호, 2018. 10. 23.>

제1조(시행일) 이 영은 2018년 10월 25일부터 시행한다.

제2조(과태료의 부과기준에 관한 경과조치) 이 영 시행 전의 위반행위에 대하여 과태료의 부과기준을 적용할 때에는 별표 제2호사목의 개정규정에도 불구하고 종전의 규정에 따른다.

부칙 <제29518호, 2019. 2. 8.> (한국교통안전공단법 시행령)

제1조(시행일) 이 영은 공포한 날부터 시행한다.

제2조(다른 법령의 개정) ①부터 ⑯까지 생략

⑰ 항공보안법 시행령 일부를 다음과 같이 개정한다.

제19조의4 중 "「교통안전공단법」에 따른 교통안전공단"을 "「한국교통안전공단법」에 따른 한국교통안전공단"으로 한다.

⑱ 및 ⑲ 생략

제3조 생략

부칙 <제30106호, 2019. 10. 8.> (과태료 금액 정비를 위한 41개 법령의 일부개정에 관한 대통령령)

제1조(시행일) 이 영은 공포한 날부터 시행한다.

제2조 부터 제5조까지 생략

부칙 〈제30509호, 2020. 3. 3.〉 (규제 재검토기한 해제 등을 위한 144개 대통령령의 일부개정에 관한 대통령령)

이 영은 공포한 날부터 시행한다.

부칙 〈제31380호, 2021. 1. 5.〉 (어려운 법령용어 정비를 위한 473개 법령의 일부개정에 관한 대통령령)

이 영은 공포한 날부터 시행한다. 〈단서 생략〉

부칙 〈제31531호, 2021. 3. 9.〉

제1조(시행일) 이 영은 공포한 날부터 시행한다.

제2조(특별 보안검색에 관한 적용례) 제13조제3항제1호의2의 개정규정은 이 영 시행 당시 특별 보안검색을 위한 절차가 진행 중인 생물학적 제제 등에 대해서도 적용한다.

부칙 〈제32369호, 2022. 1. 25.〉

이 영은 2022년 1월 28일부터 시행한다.

부칙 〈제32938호, 2022. 10. 4.〉

제1조(시행일) 이 영은 공포 후 6개월이 경과한 날부터 시행한다.

제2조(보안협의회 위촉위원에 관한 경과조치) 이 영 시행 전에 종전의 제2조제2항제2호에 따라 위촉된 위원으로서 임기 중에 있는 위원은 이 영 시행일에 그 임기가 만료된 것으로 본다.

부칙 〈제34510호, 2024. 5. 14.〉

이 영은 공포한 날부터 시행한다.

별표 / 서식

[별표] 과태료의 부과기준(제21조 관련)

항공보안법 시행규칙

[시행 2024. 12. 23.] [국토교통부령 제1427호, 2024. 12. 23., 일부개정]

제13조(탑승거절 대상자)
제14조(수감 중인 사람 등에 대한 호송방법 등)
제14조의2(항공보안장비의 성능 인증 신청)
제14조의3(항공보안장비의 성능 인증 등)
제14조의4(항공보안장비의 성능평가시험 등)
제14조의5(항공보안장비의 성능 검사)
제14조의6(항공보안장비의 점검)
제14조의7(시험기관의 지정 등)
제14조의8(시험기관의 지정취소 등)
제14조의9(시험기관지정심사위원회 등의 구성 · 운영 등)
제14조의10(성능 인증 등에 대한 기록관리)
제14조의11(수수료)
제15조(보안검색교육기관의 지정 등)
제16조(보안검색기록의 작성 등)
제17조(정보의 제공)
제18조(국가항공보안 우발계획 등의 내용)
제18조의2(자체 우발계획의 승인 및 변경 등)
제19조(감독관 운영 등)
제19조의2(항공보안 자율신고의 절차 등)
제20조(규제의 재검토)

**개정 예정 법률 밑줄 별도 표시.

항공보안법 시행규칙

[시행 2024. 12. 23.] [국토교통부령 제1427호, 2024. 12. 23., 일부개정]

제1조(목적) 이 규칙은 「항공보안법」 및 같은 법 시행령에서 위임된 사항과 그 시행에 필요한 사항을 규정함을 목적으로 한다. 〈개정 2014. 4. 4.〉

[전문개정 2010. 9. 20.]

제1조의2(장비운영자) 「항공보안법」(이하 "법"이라 한다) 제2조제11호에서 "국토교통부령으로 정하는 자"란 「항공사업법」 제2조제33호에 따른 도심공항터미널업자(이하 "도심공항터미널업자"라 한다)를 말한다.

[본조신설 2018. 12. 21.]

제2조(협조의무자) 법 제5조에서 "국토교통부령으로 정하는 자"란 다음 각 호의 어느 하나에 해당하는 자를 말한다. 〈개정 2013. 3. 23., 2014. 4. 4., 2017. 3. 30., 2017. 11. 3., 2018. 12. 21.〉

1. 「공항시설법」 제6조제2항 또는 제43조제2항에 따라 국토교통부장관의 허가를 받아 비행장 또는 항행안전시설을 설치한 자

2. 도심공항터미널업자

[전문개정 2010. 9. 20.]

제3조(기본계획의 통보) 법 제9조제1항에서 "국토교통부령으로 정하는 자"란 다음 각 호의 어느 하나에 해당하는 자를 말한다.

1. 도심공항터미널업자

2. 법 제12조에 따라 지정된 보호구역에 상주하는 기관으로서 다음 각 목의 어느 하나에 해당하는 기관

가. 「고등교육법」 제2조에 따른 교육기관

나. 「항공사업법」 제2조제15호에 따른 항공기사용사업을 하는 자

다. 「항공안전법」 제2조제1호 가목 및 나목에 따른 비행기나 헬리콥터를 소유하거나 임차해서 사용하는 자

라. 「항공안전법」 제48조제1항에 따른 전문교육기관

3. 법 제17조의2제1항에 따른 상용화주

[전문개정 2018. 12. 21.]

제3조의2(국가항공보안계획의 내용 등) ① 법 제10조제1항에 따른 국가항공보안계획(이하 "국가항공보안계획"이라 한다)에는 다음 각 호의 내용이 포함되어야 한다. 〈개정 2014. 4. 4.〉

1. 법 제9조제1항에 따른 공항운영자등(이하 "공항운영자등"이라 한다)의 항공보안에 대한 임무

2. 법 제27조제1항에 따른 항공보안장비(이하 "항공보안장비"라 한다)의 관리

3. 법 제28조제2항에 따른 교육훈련

4. 법 제31조제1항에 따른 국가항공보안 우발계획(이하 "우발계획"이라 한다)

5. 법 제33조제1항에 따른 점검업무 등

6. 항공보안에 관한 국제협력

7. 그 밖에 항공보안에 관하여 필요한 사항

② 국토교통부장관은 국가항공보안계획을 수립하는 경우에는 법 제7조제1항에 따른 항공보안협의회의 협의를 거쳐야 한다. 〈개정 2013. 3. 23., 2014. 4. 4.〉

[본조신설 2010. 9. 20.]

제3조의3(자체 보안계획의 승인 등) 국토교통부장관 또는 지방항공청장은 법 제10조제2항에 따라 자체 보안계획을 승인하려 할 때에는 다음 각 호의 사항을 검토하여야 한다. 〈개정 2013. 3. 23., 2014. 4. 4., 2015. 11. 5.〉

1. 국가항공보안계획과의 적합성

2. 법 제3조에 따른 국제협약 및 「국제민간항공협약」 부속서 17 등과의 적합성

[본조신설 2010. 9. 20.]

제3조의4(공항운영자의 자체 보안계획) ① 법 제10조제2항에 따라 공항운영자가 수립하는 자체 보안계획에는 다음 각 호의 사항이 포함되어야 한다. 〈개정 2014. 4. 4.〉

1. 항공보안업무 담당 조직의 구성·세부업무 및 보안책임자의 지정

2. 항공보안에 관한 교육훈련

3. 항공보안에 관한 정보의 전달 및 보고 절차

4. 공항시설의 경비대책

5. 보호구역 지정 및 출입통제

6. 승객 · 휴대물품 및 위탁수하물에 대한 보안검색

7. 통과 승객 · 환승 승객 및 그 휴대물품 · 위탁수하물에 대한 보인검색

8. 승객의 일치여부 확인 절차

9. 항공보안검색요원의 운영계획

10. 법 제12조에 따른 보호구역 밖에 있는 공항상주업체의 항공보안관리 대책

11. 항공보안장비의 관리 및 운용

12. 법 제19조제1항에 따른 보안검색 실패 등에 대한 대책 및 보고 · 전달체계

13. 법 제29조에 따른 보안검색 기록의 작성 · 유지

14. 공항별 특성에 따른 세부 보안기준

② 공항운영자는 자체 보안계획을 승인 받은 경우 관련 기관, 항공운송사업자 등에게 관련 사항을 통보하여야 한다.

[본조신설 2010. 9. 20.]

제3조의5(항공운송사업자의 자체 보안계획) ① 법 제10조제2항에 따라 항공운송사업자가 수립하는 자체 보안계획에는 다음 각 호의 사항이 포함되어야 한다. 〈개정 2014. 4. 4.〉

1. 항공보안업무 담당 조직의 구성 · 세부업무 및 보안책임자의 지정

2. 항공보안에 관한 교육훈련

3. 항공보안에 관한 정보의 전달 및 보고 절차

4. 항공기 정비시설 등 항공운송사업자가 관리 · 운영하는 시설에

대한 보안대책

5. 항공기 보안에 관한 다음 각 목의 사항

가. 항공기에 대한 경비대책

나. 비행 전·후 항공기에 대한 보안점검

다. 계류(繫留)항공기에 대한 탑승계단, 탑승교, 출입문, 경비요원 배치에 관한 보안 및 통제 절차

라. 항공기 운항중 보안대책

마. 법 제23조에 따른 승객의 협조의무를 위반한 사람에 대한 처리절차

바. 법 제24조에 따른 수감 중인 사람 등의 호송 절차

사. 법 제25조에 따른 범인의 인도·인수 절차

아. 항공기내보안요원의 운영 및 무기운용 절차

자. 국외취항 항공기에 대한 보안대책

차. 항공기에 대한 위협 증가 시 항공보안대책

카. 조종실 출입절차 및 조종실 출입문 보안강화대책

타. 기장의 권한 및 그 권한의 위임절차

파. 기내 보안장비 운용절차

6. 기내식 및 저장품에 대한 보안대책

7. 항공보안검색요원 운영계획

8. 법 제19조제1항에 따른 보안검색 실패 대책보고

9. 항공화물 보안검색 방법

10. 법 제29조에 따른 보안검색기록의 작성·유지

11. 항공보안장비의 관리 및 운용

12. 화물터미널 보안대책(화물터미널을 관리 운영하는 항공운송사업자만 해당한다)

13. 법 제17조제3항에 따른 운송정보의 제공 절차

14. 위해물품 탑재 및 운송절차

15. 보안검색이 완료된 위탁수하물에 대한 항공기에 탑재되기 전까지의 보호조치 절차

16. 승객 및 위탁수하물에 대한 일치여부 확인 절차

17. 승객 일치 확인을 위해 공항운영자에게 승객 정보제공

18. 법 제23조제7항에 따른 항공기 탑승 거절절차

19. 항공기 이륙 전 항공기에서 내리는 탑승객 발생 시 처리절차

20. 비행서류의 보안관리 대책

21. 보호구역 출입증 관리대책

22. 그 밖에 항공보안에 관하여 필요한 사항

② 외국국적 항공운송사업자가 수립하는 자체 보안계획은 영문 및 국문으로 작성되어야 한다.

[본조신설 2010. 9. 20.]

제3조의6(항공기취급업체등의 자체 보안계획) 법 제10조제2항에 따라 항공기취급업체ㆍ항공기정비업체ㆍ공항상주업체(보호구역 안에 있는 업체만 해당한다),항공여객ㆍ화물터미널 운영자 및 도심공항터미널을 경영하는 자가 수립하는 자체 보안계획에는 다음 각 호의 사항이 포함되어야 한다. 〈개정 2014. 4. 4.〉

1. 항공보안업무 담당 조직의 구성ㆍ세부업무 및 보안책임자의 지정

2. 항공보안에 관한 교육훈련

3. 항공보안에 관한 정보의 전달 및 보고 절차

4. 보호구역 출입증 관리 대책

5. 해당 시설 경비보안 및 보안검색 대책

6. 항공보안장비 관리 및 운용

7. 그 밖에 항공보안에 관한 사항

[본조신설 2010. 9. 20.]

제3조의7(자체 보안계획의 변경 등) ① 법 제10조제2항 단서에서 "국토교통부령으로 정하는 경미한 사항"이란 다음 각 호의 사항을 말한다. 〈개정 2013. 3. 23., 2014. 4. 4.〉

1. 기관 운영에 관한 일반현황의 변경

2. 기관 및 부서의 명칭 변경

3. 항공보안에 관한 법령, 고시 및 지침 등의 변경사항 반영

② 공항운영자등은 제1항에 따라 자체 보안계획을 변경한 경우에는 국토교통부장관 또는 지방항공청장에게 그 사실을 즉시 통보하여야 한다. 〈개정 2013. 3. 23., 2015. 11. 5.〉

[본조신설 2010. 9. 20.]

제4조(보호구역의 지정) 법 제12조제1항에 따른 보호구역에는 다음 각 호의 지역이 포함되어야 한다. 〈개정 2014. 4. 4., 2017. 11. 3.〉

1. 보안검색이 완료된 구역

2. 출입국심사장

3. 세관검사장

4. 관제탑 등 관제시설

5. 활주로 및 계류장(항공운송사업자가 관리 · 운영하는 정비시설에 부대하여 설치된 계류장은 제외한다)

6. 항행안전시설 설치지역

7. 화물청사

8. 제4호부터 제7호까지의 규정에 따른 지역의 부대지역

[전문개정 2010. 9. 20.]

제5조(보호구역등의 지정승인 · 변경 및 취소) ① 공항운영자는 법 제12조에 따라 보호구역 또는 임시보호구역(이하 "보호구역등"이라 한다)의 지정승인을 받으려는 경우에는 다음 각 호의 서류를 첨부하여 지방항공청장에게 제출하여야 한다. 〈개정 2013. 3. 23., 2015. 11. 5.〉

1. 보호구역등의 지정목적

2. 보호구역등의 도면

3. 보호구역등의 출입통제 대책

4. 지정기간(임시보호구역을 지정하는 경우만 해당한다)

② 공항운영자는 지정된 보호구역등의 변경승인을 받으려는 경우에는 다음 각 호의 서류를 첨부하여 지방항공청장에게 제출하여야 한다. 〈개정 2013. 3. 23., 2015. 11. 5.〉

1. 보호구역등의 변경사유

2. 변경하려는 해당 보호구역등의 도면

3. 변경하려는 해당 보호구역등의 출입통제 대책

③ 공항운영자는 지정된 보호구역등의 지정취소의 승인을 받으려는 경우에는 다음 각 호의 서류를 지방항공청장에게 제출하여야 한

다. 〈신설 2017. 11. 3.〉

1. 보호구역등의 지정취소 사유

2. 해당 보호구역등의 도면

[전문개정 2010. 9. 20.]

제6조(보호구역등에 대한 출입허가 등) ① 법 제13조에 따라 보호구역등을 출입하려는 사람은 공항운영자가 정하는 출입허가신청서를 공항운영자에게 제출하여야 한다. 이 경우 차량을 운행하여 출입하려는 사람은 그 차량에 대하여 따로 차량출입허가신청서를 제출하여야 한다.

② 공항운영자는 법 제13조제1항제1호에 따른 사람에게 보호구역등에 출입허가를 하려면 「보안업무규정」 제36조에 따른 신원조사를 조사기관의 장에게 의뢰해야 한다. 〈신설 2012. 9. 24., 2017. 11. 3., 2021. 3. 30.〉

③ 공항운영자는보호구역등의 출입허가를 한 경우에는 신청인에게 공항운영자가 정하는 출입증 또는 차량출입증을 발급하여야 한다. 이 경우 공항운영자가 관할하지 않는 지역의 출입허가를 하려면 관할 행정기관의 장과 미리 협의하여야 한다. 〈개정 2012. 9. 24.〉

④ 제3항에 따라 출입허가를 받은 사람이 보호구역등으로 출입하는 경우에는 출입증을 달아야 하며, 차량을 운행하여 출입하는 경우에는 해당 차량의 운전석 앞 유리창에도 차량출입증을 붙여야 한다. 〈개정 2012. 9. 24.〉

⑤ 공항운영자 및 화물터미널운영자는 보호구역등을 출입하는 사람 또는 차량에 대하여 기록하고 이를 작성한 날로부터 1년 이상

보존하여야 한다. 〈개정 2012. 9. 24.〉

⑥ 출입허가를 갱신하는 경우에 관하여는 제1항부터 제5항까지의 규정을 준용한다. 〈신설 2012. 9. 24.〉

⑦ 이 규칙에 규정된 사항 외에 보호구역등의 출입허가 및 기록의 작성·보존 등에 필요한 세부사항은 공항운영자 및 화물터미널운영자가 정한다. 〈개정 2012. 9. 24.〉

[전문개정 2010. 9. 20.]

[제목개정 2012. 9. 24.]

제7조(항공기 보안조치) ① 항공운송사업자는 법 제14조제3항에 따라 여객기의 보안강화 등을 위하여 조종실 출입문에 다음 각 호의 보안조치를 하여야 한다. 〈개정 2013. 3. 23., 2014. 4. 4.〉

1. 조종실 출입통제 절차를 마련할 것

2. 객실에서 조종실 출입문을 임의로 열 수 없는 견고한 잠금장치를 설치할 것

3. 조종실 출입문열쇠 보관방법을 정할 것

4. 운항중에는 조종실 출입문을 잠글 것

5. 국토교통부장관이 법 제32조에 따라 보안조치한 항공보안시설을 설치할 것

② 항공운송사업자는 법 제14조제4항에 따라 항공기의 보안을 위하여 매 비행 전에 다음 각 호의 보안점검을 하여야 한다. 〈개정 2014. 4. 4.〉

1. 항공기의 외부 점검

2. 객실, 좌석, 화장실, 조종실 및 승무원 휴게실 등에 대한 점검

3. 항공기의 정비 및 서비스 업무 감독

4. 항공기에 대한 출입 통제

5. 위탁수하물, 화물 및 물품 등의 선적 감독

6. 승무원 휴대물품에 대한 보안조치

7. 특정 직무수행자 및 항공기내보안요원의 좌석 확인 및 보안조치

8. 보안 통신신호 절차 및 방법

9. 유효 탑승권의 확인 및 항공기 탑승까지의 탑승과정에 있는 승객에 대한 감독

10. 기장의 객실승무원에 대한 통제, 명령 절차 및 확인

③ 항공운송사업자는 제2항제4호에 따른 항공기에 대한 출입통제를 위하여 다음 각 호에 대한 대책을 수립하여야 한다.

1. 탑승계단의 관리

2. 탑승교 출입통제

3. 항공기 출입문 보안조치

4. 경비요원의 배치

[전문개정 2010. 9. 20.]

[제목개정 2014. 4. 4.]

제8조(보안검색위탁업체 지정기준) 법 제15조제3항 및 제7항에 따른 보안검색위탁업체의 지정기준은 다음과 같다. 〈개정 2014. 4. 4.〉

1. 승객·휴대물품 및 위탁수하물 보안검색위탁업체의 지정기준

가. 인천공항의 경우

1) 「경비업법」 제4조에 따라 경비업 허가를 받은 법인일 것
2) 자본금이 10억원 이상일 것
3) 상시고용직원인 보안검색인력이 100명 이상일 것

나. 김포 · 김해 및 제주공항의 경우
1) 「경비업법」 제4조에 따라 경비업 허가를 받은 법인일 것
2) 자본금이 10억원 이상일 것
3) 상시고용직원인 보안검색인력이 50명 이상일 것

다. 가목 및 나목 외의 공항의 경우
1) 「경비업법」 제4조에 따라 경비업 허가를 받은 법인일 것
2) 자본금이 5억원 이상일 것
3) 상시고용직원인 보안검색인력이 10명 이상일 것

2. 화물 보안검색위탁업체의 지정기준
가. 「경비업법」 제4조에 따라 경비업 허가를 받은 법인일 것
나. 자본금이 5억원 이상일 것
다. 상시고용직원인 보안검색인력이 5명 이상일 것

[전문개정 2010. 9. 20.]

제8조의2(항공기에 탑승하는 승객의 운송정보 제공) ① 법 제15조 제5항 전단에서 "항공기에 탑승하는 승객의 성명, 국적, 여권번호 등 국토교통부령으로 정하는 운송정보"란 다음 각 호의 운송정보를 말한다.

1. 승객의 성명
2. 승객의 국적 및 여권번호(국내선의 경우에는 승객식별번호)
3. 승객의 탑승 항공편명 및 운항 일시

② 항공운송사업자는 항공기에 탑승하는 승객에게 탑승권을 발급하였을 때에는 법 제15조제5항 전단에 따라 지체 없이 제1항 각 호의 운송정보를 정보통신망을 통하여 공항운영자에게 제공하여야 한다. 이 경우 운송정보를 제공하는 정보통신망의 운영 등에 관한 세부사항은 항공운송사업자와 공항운영자가 협의하여 정한다.

③ 공항운영자는 제2항 전단에 따라 제공받은 운송정보를 「개인정보 보호법」에 따라 관리하여야 하며, 제공받은 운송정보의 정보주체인 승객이 탑승한 항공기가 해당 공항을 이륙한 즉시 제공받은 운송정보를 폐기하여야 한다.

[본조신설 2014. 4. 4.]

제8조의3(통과 승객 또는 환승 승객의 운송정보 제공) 법 제17조제4항에서 준용하는 법 제15조제5항에 따라 항공운송사업자가 통과 승객 또는 환승 승객에 대한 운송정보를 공항운영자에게 제공하는 경우에는 제8조의2를 준용한다.

[본조신설 2014. 4. 4.]

제8조의4(보안검색위탁업체 지정절차 등) ① 법 제15조제3항에 따라 공항운영자 또는 항공운송사업자가 보안검색위탁업체의 지정을 추천하려는 경우에는 별지 제1호서식의 보안검색위탁업체 지정신청서에 지정 대상 보안검색위탁업체에 관한 다음 각 호의 서류를 첨부하여 지방항공청장에게 제출하여야 한다. 〈개정 2015. 11. 5.〉

1. 「경비업법」에 따른 경비업 허가증

2. 보안검색인력 명단 및 해당 인력의 법 제28조제2항에 따른 교육훈련 이수증

3. 보안검색위탁업체 추천서

② 제1항에 따라 지정신청서를 제출받은 지방항공청장은 「전자정부법」 제36조제1항에 따른 행정정보의 공동이용을 통하여 지정 대상 보안검색위탁업체의 법인 등기사항증명서 및 사업자등록증을 확인하여야 한다. 다만, 해당 업체가 사업자등록증의 확인에 동의하지 아니하는 경우에는 해당 서류를 첨부하게 하여야 한다. 〈개정 2015. 11. 5.〉

③ 제1항에 따라 지정신청서를 제출받은 지방항공청장은 지정 대상 보안검색위탁업체가 제8조에 따른 지정기준에 적합하다고 인정하는 경우에는 공항운영자 또는 항공운송사업자에게 별지 제2호서식의 보안검색위탁업체 지정서를 발급하여야 한다. 〈개정 2015. 11. 5.〉

[본조신설 2014. 4. 4.]

제8조의5(승객 본인 일치 여부를 확인할 수 있는 신분증명서의 종류) ① 영 제15조의2제1항제2호에서 "국토교통부령으로 정하는 것"이란 별표 5에 따른 증명서나 서류를 말한다.

② 영 제15조의2제1항제3호에서 "국토교통부령으로 정하는 것"이란 다음 각 호의 증명서나 서류를 말한다.

1. 주민등록표 등본 또는 초본

2. 가족관계증명서

3. 건강보험증

4. 「초ㆍ중등교육법」 제2조 또는 「고등교육법」 제2조에 따른 학교(이하 이 조 및 제8조의6에서 "학교"라 한다)에서 발급하는 학생

증 또는 재학증명서

5. 「청소년복지 지원법」 제4조에 따라 발급된 청소년증

[본조신설 2022. 1. 28.]

제8조의6(본인 일치 여부 확인 방법) ① 공항운영자와 항공운송사업자는 영 제15조의3제3항 단서에 따라 항공기에 탑승하는 사람이 14세 미만인 경우에는 그와 동반하는 다음 각 호의 사람의 확인을 통해 본인 일치 여부를 확인할 수 있다.

1. 부모, 친족, 후견인 등 항공기에 탑승하는 사람의 보호자

2. 항공기에 탑승하는 사람이 재학 중인 학교의 교원

3. 여행업자가 항공기에 탑승하는 사람의 안전 및 편의 제공을 위하여 두는 여행 인솔자

② 제1항에 따라 공항운영자나 항공운송자가 확인을 하는 경우 그 요청을 받은 사람은 본인의 신분을 증명할 수 있는 증명서 또는 서류를 보여주어야 한다.

[본조신설 2022. 1. 28.]

제9조 삭제 〈2014. 4. 4.〉

제9조의2(상용화주의 지정기준) ① 법 제17조의2제1항에서 "국토교통부장관이 정하는 기준"이란 다음 각 호와 같다. 〈개정 2013. 3. 23.〉

1. 다음 각 목에 해당하는 검색장비를 갖출 것

가. 여객기에 탑재하는 화물의 보안검색을 위한 엑스선 검색장비

나. 화물기에 탑재하는 화물의 보안검색을 검색장비로 하는 경우

에는 엑스선 검색장비, 폭발물 탐지장비 또는 폭발물 흔적탐지장비

2. 항공보안검색요원을 2명 이상 확보할 것

3. 항공화물의 보안을 위해 다음 각 목의 시설을 모두 갖출 것

가. 화물을 포장 또는 보관할 수 있는 시설로서 일반구역과 분리되어 항공화물에 대한 보안통제가 이루어질 수 있는 시설

나. 보안검색이 완료된 항공화물이 완료되지 않은 항공화물과 섞이지 않도록 분리할 수 있는 시설

4. 상용화주 지정 신청일 이전 6개월 이내의 기간 중 총 24회 이상 항공화물을 운송 의뢰한 실적이 있을 것

5. 그 밖에 국토교통부장관이 정하여 고시하는 항공화물 보안기준에 적합할 것

② 제1항에도 불구하고「경비업법」제4조제1항에 따른 경비업자에게 항공화물의보안검색을 위탁하여 실시하는 경우에는 제1항제1호 또는 제2호를 적용하지 아니할 수 있다.

[본조신설 2010. 9. 20.]

제9조의3(상용화주의 지정절차 등) ① 법 제17조의2제4항에 따른 상용화주의 지정절차는 다음 각 호와 같다. 〈개정 2013. 3. 23., 2014. 4. 4., 2015. 11. 5.〉

1. 상용화주로 지정받으려는 자는 별지 제3호서식의 상용화주 지정신청서에 다음 각 호의 사항을 첨부하여 지방항공청장에게 제출할 것

가. 보안검색장비 및 항공보안검색요원 등에 관한 사항을 포함한 항공화물 보안프로그램

나.「물류정책기본법」 제43조제1항 및 같은 법 시행규칙 제6조

제2항에 따른 국제물류주선업등록증(국제물류주선업자만 해당한다)

다. 삭제 〈2014. 4. 4.〉

라. 삭제 〈2014. 4. 4.〉

마. 화물운송 거래실적

바. 항공화물의보안통제를 담당하는 사람의 명단 및 신원조회 의뢰서

사. 보안통제 취급직원의 교육이수 증명서

1의2. 제1호에 따라 지정신청서를 제출받은 지방항공청장은 「전자정부법」 제36조제1항에 따른 행정정보의 공동이용을 통하여 법인 등기사항증명서 및 사업자등록증을 확인하여야 한다. 다만, 신청인이 사업자등록증의 확인에 동의하지 아니하는 경우에는 해당 서류를 첨부하게 하여야 한다.

2. 지정신청서를 접수한 지방항공청장은 제9조의2제1항에 따라 상용화주의 지정을 위해 법 제33조제1항의 항공보안 감독관(이하 "감독관"이라 한다) 등 관계 공무원으로 하여금 심사하도록 할 것. 다만, 필요한 경우 전문가를 위촉하여 심사할 수 있다.

3. 지방항공청장이심사를 완료하고 상용화주로 지정하려는 경우에는 별지 제4호서식의 상용화주 지정서를 발급할 것

② 지방항공청장은 상용화주를 지정한 경우에는 항공운송사업자에게 통보하여야 한다. 〈개정 2013. 3. 23., 2015. 11. 5.〉

[본조신설 2010. 9. 20.]

제9조의4(상용화주지정취소의 절차) ① 삭제 〈2014. 4. 4.〉

② 지정취소를 통보받은 상용화주는 10일 이내에 지방항공청장에

게 상용화주 지정서를 반납하여야 한다. 〈개정 2013. 3. 23., 2015. 11. 5.〉

[본조신설 2010. 9. 20.]

제10조(기내식 등의 통제) ① 항공운송사업자는 법 제18조에 따라 위해물품이 기내식 또는 기내저장품을 이용하여 기내로 유입되지 아니하도록 기내식 또는 기내저장품을 운반하는 사람·차량 및 기내식 제조시설에 대하여 보안대책을 수립하여야 한다.

② 항공운송사업자는 다음 각 호의 어느 하나에 해당하는 경우에는 기내식 또는 기내저장품 등이 기내로 유입되게 하여서는 아니 된다.

1. 외부의 침입흔적이 있는 경우

2. 항공운송사업자가 지정한 사람에 의하여 검사·확인되지 아니한 경우

3. 기내식 용기 등에 위해물품이 들어있다고 의심이 되는 경우

[전문개정 2010. 9. 20.]

제11조(보안검색 실패 등에 대한 보고) 법 제19조제1항제3호에 따라 공항운영자·항공운송사업자·화물터미널운영자는 다음 각 호의 어느 하나에 해당하는 경우 지방항공청장에게 보고하여야 하며, 제1호의 사항에 대하여는 관련 행정기관에 지체 없이 통보하여야 한다. 〈개정 2013. 3. 23., 2014. 4. 4., 2015. 9. 2., 2015. 11. 5.〉

1. 법 제2조제8호의 불법방해행위가 발생한 경우

2.「항공보안법 시행령」(이하 "영"이라 한다) 제10조부터 제12조까지 및 제16조에 따른 보안검색방법에 따라 보안검색이 이루어지지

아니한 경우

3. 법 제28조에 따른 교육훈련을 이수하지 아니한 사람에 의하여 보안검색이 이루어진 경우

4. 무기·폭발물 등에 의하여 항공기에 대한 위협이 증가하는 경우

[전문개정 2010. 9. 20.]

제12조(비행 서류의 보안관리) ① 항공운송사업자는 법 제20조에 따른 비행 서류를 다음 각 호와 같이 관리하여야 한다. 〈개정 2014. 4. 4.〉

1. 비행 서류의 취급절차 등 보안관리를 위한 지침을 마련할 것
2. 비행 서류의 보안관리를 위한 보안담당자 및 취급자를 지정할 것
3. 비행 서류의 보관장소를 지정할 것

② 항공운송사업자는 탑승권·수하물꼬리표·승객탑승명세서·화물탑재명세서·위험물보고서·무기운송 보고서 등 비행 서류를 작성한 날부터 1년 이상 보존하여야 한다.

③ 제2항에 따라 비행 서류를 보존할 때 컴퓨터 등의 정보처리장치에 의하여 생산·관리되는 기록정보 자료(이하 "전자기록물"이라 한다)로 보존할 수 있다.

[전문개정 2010. 9. 20.]

[제목개정 2014. 4. 4.]

제12조의2(기내 무기 반입 허가절차) ① 법 제21조제5항에 따라 항공기 내에 무기를 가지고 들어가려는 사람은 항공기 탑승 최소 3일 전에 다음 각 호의 사항을 지방항공청장에게 신청하여야 한다. 다만, 긴급한 경호 업무 및 범죄인 호송업무는 탑승 전까지 그 사실을

유선 등으로 미리 통보하여야 하고, 항공기 탑승 후 3일 이내에 서면으로 제출하여야 한다. 〈개정 2013. 3. 23., 2015. 11. 5., 2017. 11. 3.〉

1. 무기 반입자의 성명

2. 무기 반입자의 생년월일

3. 무기 반입자의 여권번호(외국인만 해당한다)

4. 항공기의 탑승일자 및 편명

5. 무기 반입 사유

6. 무기의 종류 및 수량

7. 그 밖에 기내 무기반입에 필요한 사항

② 지방항공청장은 항공기 내 무기 반입의 허가 신청을 받은 경우 영 제18조의2에 따른 특정한 직무에 해당하고 영 제19조에 따른 무기의 종류에 적합한 경우에는 허가하여야 한다. 〈개정 2013. 3. 23., 2015. 11. 5.〉

③ 지방항공청장은 제2항에 따라 항공기 내 무기 반입을 허가한 경우 이를 관련기관에 통보하여야 한다. 〈개정 2013. 3. 23., 2015. 11. 5.〉

④ 외국국적 항공기 내에 무기를 반입하여 우리나라로 운항하는 경우에도 제1항부터 제3항까지의 규정을 준용한다.

[전문개정 2010. 9. 20.]

제13조(탑승거절 대상자) ① 항공운송사업자는 법 제23조제7항제4호에 따라 다음 각 호의 어느 하나에 해당하는 사람에 대하여 탑승을 거절할 수 있다.

1. 법 제14조제1항에 따른 항공운송사업자의 승객의 안전 및 항공기의 보안을 위하여 필요한 조치를 거부한 사람

2. 법 제23조제1항제3호에 따른 행위로 승객 및 승무원 등에게 위해를 가할 우려가 있는 사람

3. 법 제23조제2항의 행위를 한 사람

4. 법 제23조제4항에 따른 기장 등의 정당한 직무상 지시를 따르지 아니한 사람

5. 탑승권 발권 등 탑승수속 시 위협적인 행동, 공격적인 행동, 욕설 또는 모욕을 주는 행위 등을 하는 사람으로서 다른 승객의 안전 및 항공기의 안전운항을 해칠 우려가 있는 사람

② 항공운송사업자가 제1항에 따라 탑승을 거절하는 경우에는 그 사유를 탑승이 거절되는 사람에게 고지하여야 한다.

[전문개정 2010. 9. 20.]

제14조(수감 중인 사람 등에 대한 호송방법 등) ① 법 제24조제1항에 따른 통보를 받은 항공운송사업자는 호송대상자가 탑승하는 항공기의 기장에게는 호송사실을, 호송대상자를 호송하는 사법경찰관리 또는 법 집행 권한이 있는 공무원에게는 호송대상자의 좌석 및 안전조치 요구사항 등을 각각 통보하여야 한다.

② 법 제24조제4항에 따라 항공운송사업자는 호송대상자가 항공기에 탑승하는 경우 승객의 안전을 위하여 다음 각 호의 필요한 조치를 하여야 한다.

1. 호송대상자의 탑승절차를 별도로 마련할 것

2. 호송대상자의 좌석은 승객의 안전에 위협이 되지 아니하도록

배치할 것

3. 호송대상자에게 술을 제공하지 아니할 것

4. 호송대상자에게 철세 식기류를 제공하지 아니할 것

[전문개정 2010. 9. 20.]

제14조의2(항공보안장비의 성능 인증 신청) 법 제27조제1항에 따른 항공보안장비의 성능 인증을 받으려는 항공보안장비의 제작자 또는 수입업자는 별지 제4호의2서식에 따른 항공보안장비 성능 인증 신청서에 다음 각 호의 서류를 첨부해서 국토교통부장관(법 제27조의3 및 영 제19조의2에 따라 「항공안전기술원법」에 따른 항공안전기술원에 인증업무를 위탁하는 경우에는 항공안전기술원을 말한다. 이하 "인증기관"이라 한다)에 제출해야 한다. 이 경우 담당 공무원은 「전자정부법」 제36조제1항에 따른 행정정보의 공동이용을 통해서 법인 등기사항증명서(법인인 경우만 해당한다)를 확인해야 한다.

1. 사업자등록증 사본

2. 국내에 거주하는 대리인임을 증명하는 서류(대리인이 신청하는 경우에 한한다)

3. 항공보안장비의 성능 제원표 및 시험용 물품(테스트 키트)에 관한 서류

4. 항공보안장비의 외관도 및 사용자 설명서

5. 항공보안장비의 구조·운영방법·유지관리 등에 대한 설명서

6. 성능 인증 품질시스템(제14조의3제1항제1호에 따른 성능 인증 기준에 적합한 항공보안장비를 생산하거나 수입할 수 있는 능력)을 증명하는 자료

7. 항공보안장비의 사후관리를 위한 시설·기술인력을 확보하고 있는 사실을 증명하는 서류(최초로 성능 인증을 신청하는 경우에 한한다)

8. 국토교통부장관이 정해서 고시하는 서류로서 항공보안장비의 성능 인증 기준을 갖추었음을 증명하는 서류(해당하는 경우에 한한다)

[본조신설 2018. 12. 21.]

제14조의3(항공보안장비의 성능 인증 등) ① 인증기관은 법 제27조 제2항에 따라 성능 인증을 하려면 다음 각 호의 기준 및 절차에 따라야 한다.

1. 성능 인증 기준

가. 국토교통부장관이 정해서 고시하는 항공보안장비의 기능과 성능 기준에 적합한 보안장비일 것

나. 항공보안장비의 활용 편의성, 안전성 및 내구성 등을 갖춘 보안장비일 것

2. 성능 인증 절차

가. 법 제27조의4에 따른 시험기관(이하 "시험기관"이라 한다)이 실시하는 같은 조에 따른 성능평가시험(이하 "성능평가시험"이라 한다)을 받을 것

나. 시험기관의 성능평가시험서와 제14조의2에 따라 성능 인증 신청자가 제출한 성능 제원표 등을 비교·검토할 것

다. 성능 인증 품질시스템을 확인할 것

② 인증기관은 제14조의2에 따라 제출받은 서류에 흠이 없고 제1

항제1호에 따른 성능 인증 기준(이하 "성능 인증 기준"이라 한다) 및 같은 항 제2호에 따른 성능 인증 절차에 따라 적합하다고 인정하는 경우에는 별지 제4호의3서식에 따른 항공보안장비 성능 인증서를 발급해야 한다.

③ 인증기관은 항공보안장비가 성능 인증 기준에 적합하지 않은 경우에는 지체없이 그 결과를 신청인에게 통지해야 한다.

④ 제1항 및 제2항에서 규정한 사항 외에 성능 인증 기준 등에 필요한 세부사항은 국토교통부장관이 정해서 고시한다.

[본조신설 2018. 12. 21.]

제14조의4(항공보안장비의 성능평가시험 등) ① 시험기관은 제14조의3제1항제2호가목에 따라 인증기관으로부터 성능평가시험을 의뢰받은 경우 다음 각 호의 기준에 따라 성능평가시험을 실시해야 한다.

1. 제작자 등과 협의해서 시험계획서를 작성하고 인증기관에 통보할 것

2. 성능 인증 기준에 적합한지를 확인할 것

② 시험기관은 성능평가시험을 실시한 때에는 별지 제4호의4서식에 따른 성능평가시험 결과서를 인증기관에 제출해야 한다.

③ 성능평가시험을 위한 기준·절차 및 방법 등에 관한 세부 사항은 국토교통부장관이 정해서 고시한다.

[본조신설 2018. 12. 21.]

제14조의5(항공보안장비의 성능 검사) ① 장비운영자는 법 제27조제2항에 따라 사용하는 항공보안장비를 내용연수(「물품관리법」 제16조의2제1항에 따라 조달청장이 정한 경제적 사용연수를 말한다)

를 연장해 계속 사용하려면 인증기관이 실시하는 항공보안장비의 성능 검사를 받아야 한다.

② 제1항에 따른 항공보안장비의 성능 검사의 기준·방법 및 절차 등에 관한 사항은 국토교통부장관이 정해서 고시한다.

[본조신설 2018. 12. 21.]

제14조의6(항공보안장비의 점검) ① 인증기관은 법 제27조제4항에 따라 각 호의 기준에 따라 정기점검 및 수시점검을 실시해야 한다.

1. 정기점검: 항공보안장비가 성능 인증 기준에 맞게 제작되었는지 및 성능 인증 품질시스템의 유지 여부 등에 관해 매년 실시하는 점검

2. 수시점검: 국토교통부장관의 요청이나 특별 점검계획에 따라 실시하는 점검

② 국토교통부장관은 제1항에 따라 인증기관이 정기점검 또는 수시점검을 실시하기 위해 필요하다고 인정하는 경우 관계 직원, 시험기관 및 관계전문가와 함께 점검하게 할 수 있다.

③ 제1항 및 제2항에서 규정한 사항 외에 점검의 기준·방법 및 절차 등에 관해 필요한 사항은 국토교통부장관이 정해서 고시한다.

[본조신설 2018. 12. 21.]

제14조의7(시험기관의 지정 등) ① 법 제27조의4제2항에서 "국토교통부령으로 정하는 지정기준"이란 별표 2에 따른 기준을 말한다.

② 법 제27조의4에 따라 시험기관으로 지정을 받으려는 법인이나 단체는 별지 제4호의5서식에 따른 항공보안장비 시험기관 지정 신청서에 다음 각 호의 서류를 첨부해서 국토교통부장관에게 제출해야

한다. 이 경우 담당 공무원은 「전자정부법」 제36조제1항에 따른 행정정보의 공동이용을 통해서 법인 등기사항증명서(법인인 경우만 해당한다)를 확인해야 한다.

1. 성능평가시험을 위한 조직, 인력 및 시험 설비 현황 등을 적은 사업계획서

2. 성능평가시험을 수행하기 위한 절차 및 방법 등을 적은 업무 규정

3. 법인의 정관 또는 단체의 규약

4. 사업자등록증 및 인감증명서(법인인 경우에 한한다)

5. 제1항에 따른 시험기관 지정기준을 갖추었음을 증명하는 서류

③ 국토교통부장관은 제2항에 따라 시험기관 지정신청을 받은 때에는 현장평가 등이 포함된 심사계획서를 작성해서 신청자에게 통보하고 그 심사계획에 따라 심사해야 한다.

④ 국토교통부장관은 제3항에 따른 심사 결과 제1항에 따른 지정기준을 갖추었다고 인정하는 때에는 별지 제4호의6서식에 따른 항공보안장비 시험기관 지정서를 발급해야 한다. 이 경우 다음 각 호의 사항을 관보에 고시해야 한다.

1. 시험기관의 명칭

2. 시험기관의 소재지

3. 지정 일자 및 지정번호

4. 업무 수행 범위

5. 그 밖에 국토교통부장관이 정하는 사항

⑤ 제1항부터 제4항까지에서 규정한 사항 외에 시험기관 지정 및

심사 등에 관해 필요한 사항은 국토교통부장관이 정해서 고시한다.

[본조신설 2018. 12. 21.]

제14조의8(시험기관의 지정취소 등) ① 법 제27조의5제2항에서 "지정취소와 업무정지의 기준"이란 별표 3에 따른 기준을 말한다.

② 국토교통부장관은 제1항에 따라 시험기관의 지정을 취소하거나 업무의 정지를 명한 경우에는 지체 없이 그 사실을 관보에 고시해야 한다.

[본조신설 2018. 12. 21.]

제14조의9(시험기관지정심사위원회 등의 구성·운영 등) ① 국토교통부장관 및 인증기관의 장은 성능 인증 제도의 효율적 운영을 위해 필요한 경우 시험기관지정심사위원회 또는 인증심사위원회를 구성·운영할 수 있다.

② 제1항에 따른 시험기관지정심사위원회 및 인증심사위원회의 구성·운영 등에 필요한 사항은 국토교통부장관이 정해서 고시한다.

[본조신설 2018. 12. 21.]

제14조의10(성능 인증 등에 대한 기록관리) 인증기관 및 시험기관은 성능 인증·성능평가시험 등에 관한 사항을 기록(전자장치에 파일 등의 형태로 저장하는 기록을 포함한다)하고 보관·관리해야 하며, 시험기관이 지정취소 등의 사유로 그 업무를 더 이상 수행하지 않는 경우에는 1개월 이내에 그 자료를 인증기관에 제출해야 한다.

[본조신설 2018. 12. 21.]

제14조의11(수수료) ① 법 제27조의6에 따라 항공보안장비 성능 인증을 받으려는 자가 내야 하는 수수료의 산정기준은 별표 4와 같다.

다만, 인증기관은 제2항제2호에 따른 수수료 납부대상자가 「중소기업기본법」 제2조에 따른 중소기업자인 경우로서 납부대상자의 경제적 부담 완화 또는 경영안정 지원 등을 위하여 수수료 감면이 필요하다고 인정하는 경우에는 수수료를 감면할 수 있다. 〈개정 2024. 9. 3.〉

② 법 제27조제1항에 따라 항공보안장비 성능 인증을 받으려는 자는 다음 각 호의 구분에 따라 인증기관 또는 시험기관에 수수료를 내야 한다.

1. 제14조의2에 따른 항공보안장비의 성능 인증 신청 및 제14조의4에 따른 성능평가시험에 관한 수수료

2. 제14조의5에 따른 성능 검사에 관한 수수료

③ 인증기관 또는 시험기관은 제2항 각 호에 따른 수수료 외에 별도의 부과금을 받을 수 없다.

④ 제1항 및 제2항에서 규정한 사항 외에 수수료 금액, 납부기간, 납부방법 등에 대한 세부 사항은 인증기관 또는 시험기관이 따로 정해서 공고해야 한다.

[본조신설 2018. 12. 21.]

제15조(보안검색교육기관의 지정 등) ① 법 제28조제2항에 따라 보안검색교육기관으로 지정받으려는 자는 별지 제5호서식의 보안검색교육기관 지정신청서에 다음 각 호의 사항이 포함된 교육계획서를 첨부하여 국토교통부장관에게 제출하여야 한다. 〈개정 2013. 3. 23., 2014. 4. 4.〉

1. 교육과정 및 교육내용

2. 교관의 자격 · 경력 및 정원 등의 현황

3. 교육시설 및 교육장비의 현황

4. 교육평가방법

5. 연간 교육계획

6. 교육규정

② 법 제28조제2항에 따른 보안검색교육기관의 시설 · 장비 및 인력 등의 지정기준은 별표와 같다.

③ 국토교통부장관은 제1항에 따라 제출된 신청서류를 심사하여 그 내용이 제2항에 따른 지정기준에 적합한 경우에는 보안검색교육기관으로 지정하고, 별지 제6호서식의 보안검색교육기관 지정서를 발급하여야 한다. 〈개정 2012. 9. 24., 2013. 3. 23., 2014. 4. 4.〉

④ 보안검색교육기관은 제1항 각 호의 사항에 변경이 있는 경우에는 그 변경내용을 국토교통부장관에게 보고하여야 한다. 〈개정 2013. 3. 23.〉

[전문개정 2010. 9. 20.]

제16조(보안검색기록의 작성 등) ① 법 제29조에 따라 공항운영자 · 항공운송사업자 또는 보안검색을위탁받은검색업체는 다음 각 호의 사항이 포함된 보안검색에 관한 기록을 작성하여 1년 이상 보존하여야 한다. 〈개정 2014. 4. 4.〉

1. 보안검색업무를 수행한 항공보안검색요원 · 감독자의 성명 및 근무시간

2. 항공보안장비의 점검 및 운용에 관한 사항

3. 법 제21조에 따른 무기 등 위해물품 적발 현황 및 적발된 위

해물품의 처리 결과

4. 항공보안검색요원에 대한 현장교육훈련 기록

5. 그 밖에 보안검색업무 수행 중에 발생한 특이사항

② 제1항에 따른 보안검색 기록은 전자기록물로 보존할 수 있다.

[전문개정 2010. 9. 20.]

제17조(정보의 제공) 법 제30조에 따라 국토교통부장관이 정보를 제공하여야 할 대상은 다음 각 호와 같다. 〈개정 2013. 3. 23.〉

1. 영 제2조제2항제1호에 따른 행정기관

2. 해당 항공기 등록국가 및 운영국가의 관련 기관

3. 항공기 승객이 외국인인 경우 해당 국가의 관련 기관

4. 국제민간항공기구(ICAO)

[전문개정 2010. 9. 20.]

제18조(국가항공보안 우발계획 등의 내용) ① 법 제31조제1항에 따른 우발계획에는 다음 각 호의 사항이 포함되어야 한다. 〈신설 2014. 4. 4.〉

1. 영 제2조제2항제1호에 따른 행정기관의 역할

2. 항공보안등급 발령 및 등급별 조치사항

3. 불법방해행위 대응에 관한 기본대책

4. 불법방해행위 유형별 대응대책

5. 위협평가 및 위험관리에 관한 사항

6. 그 밖에 항공보안에 관하여 필요한 사항

② 공항운영자등이 법 제31조제2항에 따라 수립하는 자체 우발계획에는 다음 각 호의 구분에 따른 사항이 포함되어야 한다. 〈개정

2014. 4. 4.〉

1. 공항운영자의 자체 우발계획

가. 영 제2조제2항제1호에 따른 행정기관의 역할

나. 공항시설 위협시의 대응대책

다. 항공기 납치시의 대응대책

라. 폭발물 또는 생화학무기 위협시의 대응대책

2. 항공운송사업자의 자체 우발계획

가. 공항시설 위협시의 대응대책

나. 항공기납치 방지대책

다. 폭발물 또는 생화학무기 위협시의 대응대책

3.항공기취급업체 · 항공기정비업체 · 공항상주업체(보호구역 안에 있는 업체만 해당한다), 항공여객 · 화물터미널 운영자, 도심공항터미널을 경영하는 자의 자체 우발계획

가. 공항시설 위협시의 대응대책

나. 폭발물 또는 생화학무기 위협시의 대응대책

[전문개정 2010. 9. 20.]

[제목개정 2014. 4. 4.]

제18조의2(자체 우발계획의 승인 및 변경 등) ① 국토교통부장관 또는 지방항공청장은 법 제31조제3항 본문에 따라 자체 우발계획을 승인하려는 경우에는 다음 각 호의 사항을 검토하여야 한다. 〈개정 2015. 11. 5.〉

1. 우발계획과의 적합성

2. 법 제3조에 따른 국제협약 및 「국제민간항공협약」 부속서 17

등과의 적합성

② 법 제31조제3항 단서에서 "국토교통부령으로 정하는 경미한 사항"이란 다음 각 호의 사항을 말한다.

1. 기관 운영에 관한 일반현황의 변경

2. 기관 및 부서의 명칭 변경

3. 항공보안에 관한 법령, 고시 및 지침 등의 변경사항 반영

③ 공항운영자등(공항운영자, 항공운송사업자 중 「항공사업법」 제7조에 따라 면허를 받은 국내항공운송사업자 및 국제항공운송사업자는 제외한다)은 자체 우발계획을 법 제10조제2항에 따른 자체 보안계획에 포함하여 국토교통부장관의 승인을 받을 수 있다. 〈개정 2017. 11. 3.〉

[본조신설 2014. 4. 4.]

제19조(감독관 운영 등) ① 감독관은 국토교통부장관 또는 지방항공청장의 명에 따라 공항운영자등의 항공보안에 관한 업무를 점검하여야 한다. 〈개정 2013. 3. 23., 2014. 4. 4., 2015. 11. 5.〉

② 제1항에 따른 감독관이 항공보안 점검을 하는 경우에는 공항운영자등의 정상적인 업무수행을 방해하여서는 아니 된다. 〈개정 2014. 4. 4.〉

③ 감독관은 점검결과 항공보안에 관한 법령에 위반한 사실을 발견한 때에는 지체 없이 국토교통부장관 또는 지방항공청장에게 보고하여야 한다. 다만, 긴급한 조치가 필요한 때에는 현장조치 지시를 하고 국토교통부장관 또는 지방항공청장에게 보고하여야 한다. 〈개정 2013. 3. 23., 2014. 4. 4., 2015. 11. 5.〉

④ 이 규칙에서 정한 사항 외에 감독관의 지정·운영 및 점검활동 등의 필요한 사항은 국토교통부장관이 정한다. 〈개정 2013. 3. 23.〉

[전문개정 2010. 9. 20.]

제19조의2(항공보안 자율신고의 절차 등) ① 법 제33조의2제1항에서 "국토교통부령으로 정하는 사실"이란 다음 각 호의 어느 하나에 해당하는 사실을 말한다.

1. 불법방해행위가 시도되거나 발생될 가능성이 있는 사실

2. 법 제10조제2항에 따른 자체 보안계획을 이행하지 아니한 사실

3. 보안검색이 완료된 승객과 완료되지 못한 승객이 접촉한 사실

4. 법 제13조제1항을 위반하여 공항운영자의 허가를 받지 아니하고 보호구역에 진입한 사실

5. 법 제14조제4항을 위반하여 항공기에 대한 보안점검을 실시하지 아니한 사실

6. 법 제15조제1항, 제16조 및 제17조제2항에 따라 보안검색이 이루어지지 아니한 사실

7. 법 제21조를 위반하여 위해물품을 항공기 내에 반입한 사실

8. 법 제31조제2항에 따라 자체 우발계획을 이행하지 아니한 사실

9. 법 제32조에 따른 보안조치를 공항운영자등이 이행하지 아니한 사실

10. 그 밖에 항공보안을 해치거나 해칠 우려가 있는 사실

② 법 제33조의2제1항에 따라 항공보안 자율신고를 하려는 자는 별지 제7호서식에 따른 항공보안 자율신고서 또는 국토교통부장관이 정하여 고시하는 전사적인 신고방법에 따라 「교통안전공단법」에 따른 교통안전공단에 신고하여야 한다.

③ 제2항에 따른 항공보안 자율신고를 접수한 교통안전공단은 분기별로 해당 신고 현황을 국토교통부장관에게 보고하여야 한다. 다만, 긴급한 조치가 필요한 신고의 경우에는 신고를 받은 후 지체 없이 국토교통부장관에게 보고하여야 한다.

④ 제3항에 따른 보고를 받은 국토교통부장관은 신고사항을 조사하여 항공보안을 위하여 필요한 조치를 하거나 항공보안 대책을 마련하여야 한다.

⑤ 제1항부터 제4항까지의 규정에서 정한 사항 외에 항공보안 자율신고의 접수·분석 및 전파 등에 관하여 필요한 사항은 국토교통부장관이 정하여 고시한다.

[본조신설 2014. 4. 4.]

제20조(규제의 재검토) 국토교통부장관은 제7조제1항에 따른 조종실 출입문에 대한 보안조치에 대하여 2020년 1월 1일을 기준으로 3년마다(매 3년이 되는 해의 1월 1일 전까지를 말한다) 그 타당성을 검토하여 개선 등의 조치를 하여야 한다.

[전문개정 2020. 1. 23.]

부칙 〈제340호, 2002. 11. 30.〉

이 규칙은 공포한 날부터 시행한다.

부칙 〈제4호, 2008. 3. 14.〉 (정부조직법의 개정에 따른 감정평가에 관한 규칙 등 일부 개정령)

이 규칙은 공포한 날부터 시행한다.

부칙 〈제28호, 2008. 6. 27.〉

이 규칙은 2008년 6월 29일부터 시행한다.

부칙 〈제125호, 2009. 5. 11.〉 (국토해양부와 그 소속기관 직제 시행규칙)

제1조(시행일) 이 규칙은 공포한 날부터 시행한다.

제2조(다른 법령의 개정) ① 및 ② 생략

③ 항공안전 및 보안에 관한 법률 시행규칙 일부를 다음과 같이 개정한다.

제5조제1항 각 호 외의 부분, 제2항 각 호 외의 부분 · 제3항, 제7조제5호, 제9조 각 호 외의 부분, 제11조 각 호 외의 부분, 제12조제2항, 제15조제1항 각 호 외의 부분 · 제3항부터 제5항까지, 제17조 각 호 외의 부분, 제18조제2항 · 제19조제1항 · 제3항 · 제4항 및 별지 서식 앞면의 서명란 중 "항공안전본부장"을 각각 "국토해양부장관"으로 한다.

별지 서식 뒷면의 처리기관(부서)란 중 "항공안전본부"를 "국토해양부"로 한다.

부칙 〈제159호, 2009. 8. 19.〉

이 규칙은 2009년 9월 10일부터 시행한다.

부칙 〈제374호, 2010. 6. 30.〉 (소음·진동관리법 시행규칙)

제1조(시행일) 이 규칙은 2010년 7월 1일부터 시행한다. 〈단서 생략〉

제2조 및 제3조 생략

제4조(다른 법률의 개정) ① 부터 ⑱ 까지 생략

⑲ 항공안전 및 보안에 관한 법률 시행규칙 일부를 다음과 같이 개정한다.

별표 제1호나목5) 중 "「소음·진동규제법」"을 "「소음·진동관리법」"으로 한다.

⑳ 및 ㉑ 생략

제5조 생략

부칙 〈제287호, 2010. 9. 20.〉

제1조(시행일) 이 규칙은 2010년 9월 23일부터 시행한다.

제2조(상용화주의 지정에 관한 경과조치) 이 규칙 시행 당시 국토해양부 고시 제2009-341호 항공화물보안기준에 따라 국토해양부장관의 인정을 받은 상용화주는 제9조의3의 개정규정에 따라 상용화주로 지정을 받은 것으로 본다.

부칙 〈제478호, 2012. 6. 18.〉

제1조(시행일) 이 규칙은 공포한 날부터 시행한다.

제2조(처리기간에 관한 경과조치) 이 규칙 시행 당시 보안검색교육

기관 지정절차가 진행 중인 경우에는 별지 제3호서식의 개정규정에도 불구하고 종전의 규정에 따른다.

부칙 〈제518호, 2012. 9. 24.〉

제1조(시행일) 이 규칙은 공포한 날부터 시행한다.

제2조(보호구역등에 대한 출입허가에 관한 경과조치) 이 규칙 시행 당시 종전의 규정에 따라 보호구역등에 대한 출입허가를 받은 사람은 제6조제2항의 개정규정에 따라 신원조사를 받은 것으로 본다.

부칙 〈제1호, 2013. 3. 23.〉 (국토교통부와 그 소속기관 직제 시행규칙)

제1조(시행일) 이 규칙은 공포한 날부터 시행한다. 〈단서 생략〉

제2조 부터 제5조까지 생략

제6조(다른 법령의 개정) ①부터 〈121〉까지 생략

〈122〉 항공안전 및 보안에 관한 법률 시행규칙 일부를 다음과 같이 개정한다.

제2조 각 호 외의 부분, 제3조 및 제3조의7제1항 각 호 외의 부분 중 "국토해양부령"을 각각 "국토교통부령"으로 한다.

제2조제1호, 제3조의2제2항, 제3조의3 각 호 외의 부분, 제3조의7제2항, 제5조제1항 각 호 외의 부분, 같은 조 제2항 각 호 외의 부분, 같은 조 제3항, 제7조제1항제5호, 제9조 각 호 외의 부분, 제9조의2제1항 각 호 외의 부분, 같은 항 제5호, 제9조의3제1항제1호 각 목 외의 부분, 같은 항 제2호 본문, 같은 항 제3호, 같은 조

제2항, 제9조의4제1항 · 제2항, 제11조 각 호 외의 부분, 제12조의2제1항 각 호 외의 부분 본문, 같은 조 제2항 · 제3항, 제15조제1항 각 호 외의 부분, 같은 조 제3항 · 제4항, 제17조 각 호 외의 부분, 제18조제2항, 제19조제1항, 같은 조 제3항 본문 및 단서, 같은 조 제4항, 별지 제1호서식 앞쪽, 별지 제2호서식, 별지 제3호서식 앞쪽 및 별지 제4호서식 중 "국토해양부장관"을 각각 "국토교통부장관"으로 한다.

별지 제1호서식 뒤쪽 처리기관(부서)란, 별지 제2호서식 및 별지 제3호서식 뒤쪽 처리기관(부서)란 중 "국토해양부"를 각각 "국토교통부"로 한다.

별지 제2호서식 중 "Ministry of Land, Transport & Maritime Affairs"를 "Ministry of Land, Infrastructure and Transport"로, "Minister of Land Transport & Maritime Affairs"를 "Minister of Land, Infrastructure and Transport"로 한다.

〈123〉부터 〈126〉까지 생략

부칙 〈제54호, 2013. 12. 30.〉 (행정규제기본법 개정에 따른 규제 재검토기한 설정을 위한 개발이익환수에 관한 법률 시행규칙 등 일부개정령)

이 규칙은 2014년 1월 1일부터 시행한다.

부칙 〈제86호, 2014. 4. 4.〉

제1조(시행일) 이 규칙은 2014년 4월 6일부터 시행한다.

제2조(항공기 보안점검에 관한 적용례) 제7조제2항의 개정규정은 이 규칙 시행 후 항공기 보안점검을 하는 경우부터 적용한다.
제3조(보안검색기록의 작성에 관한 적용례) 제16조제1항의 개정규정은 이 규칙 시행 후 보안검색기록을 작성하는 경우부터 적용한다.
제4조(서식에 관한 적용례) 서식에 관한 개정규정은 이 규칙 시행 후 신청·신고하거나 지정하는 경우부터 적용한다.

부칙 〈제169호, 2014. 12. 31.〉 (규제 재검토기한 설정 등을 위한 건축물의 분양에 관한 법률 시행규칙 등 일부개정령)
이 규칙은 2015년 1월 1일부터 시행한다.

부칙 〈제228호, 2015. 9. 2.〉
이 규칙은 공포한 날부터 시행한다.

부칙 〈제247호, 2015. 11. 5.〉
이 규칙은 공포한 날부터 시행한다.

부칙 〈제382호, 2016. 12. 30.〉 (규제 재검토기한 설정 등을 위한 감정평가 및 감정평가사에 관한 법률 시행규칙 등 일부개정령)
제1조(시행일) 이 규칙은 공포한 날부터 시행한다. 〈단서 생략〉
제2조 부터 제4조까지 생략

부칙 〈제411호, 2017. 3. 30.〉 (항공사업법 시행규칙)

제1조(시행일) 이 규칙은 2017년 3월 30일부터 시행한다.

제2조 부터 제5조까지 생략

제6조(다른 법령의 개정) ① 및 ② 생략

③ 항공보안법 시행규칙 일부를 다음과 같이 개정한다.

제2조제2호 및 제3조 중 “「항공법」 제139조에 따라 도심공항터미널을 경영하는 자”를 각각 “「항공사업법」 제2조제33호에 따른 도심공항터미널업자”로 한다.

제7조 생략

부칙 〈제414호, 2017. 3. 30.〉 (공항시설법 시행규칙)

제1조(시행일) 이 규칙은 2017년 3월 30일부터 시행한다.

제2조 및 제3조 생략

제4조(다른 법령의 개정) ①부터 ⑥까지 생략

⑦ 항공보안법 시행규칙 일부를 다음과 같이 개정한다.

제2조제1호 중 “「항공법」 제75조제2항”을 “「공항시설법」 제6조제2항 또는 제43조제2항”으로 한다.

제5조 생략

부칙 〈제461호, 2017. 11. 3.〉

제1조(시행일) 이 규칙은 공포한 날부터 시행한다.

제2조(보호구역등의 지정취소 승인에 관한 적용례) 제5조제3항의 개정규정은 이 규칙 시행 후 보호구역등의 지정취소 승인을 신청하는

경우부터 적용한다.

제3조(자체 우발계획의 승인대상에 관한 경과조치) 이 규칙 시행 전에 종전의 규정에 따라 공항운영자등이 자체 보안계획에 자체 우발계획을 포함하여 승인을 신청한 경우에는 제18조의2제3항의 개정규정에도 불구하고 종전 규정에 따른다.

부칙 〈제569호, 2018. 12. 21.〉

제1조(시행일) 이 규칙은 공포한 날부터 시행한다.

제2조(항공보안장비 성능검사에 관한 경과조치) 장비운영자는 법률 제14954호 항공보안법 일부개정법률 부칙 제2조제1항에 따라 2018년 10월 25일 이전부터 사용하고 있는 항공보안장비 중 제작국가 등의 항공보안장비 인증 공인기관으로부터 성능을 인증 받은 항공보안장비에 대해서는 국토교통부장관이 정해서 고시하는 바에 따라 내용연수(「물품관리법」 제16조의2제1항에 따라 조달청이 정한 경제적 사용연수를 말한다)를 다할 때까지 사용할 수 있다.

부칙 〈제687호, 2020. 1. 23.〉

이 규칙은 공포한 날부터 시행한다.

부칙 〈제838호, 2021. 3. 30.〉

이 규칙은 공포한 날부터 시행한다.

부칙 〈제882호, 2021. 8. 27.〉 (어려운 법령용어 정비를 위

한 80개 국토교통부령 일부개정령)
이 규칙은 공포한 날부터 시행한다. 〈단서 생략〉

부칙 〈제1101호, 2022. 1. 28.〉
이 규칙은 2022년 1월 28일부터 시행한다.

부칙 〈제1386호, 2024. 9. 3.〉
제1조(시행일) 이 규칙은 공포한 날부터 시행한다.
제2조(수수료 감면에 관한 적용례) 제14조의11제1항의 개정규정은 이 규칙 시행 이후 제14조의5제1항에 따른 항공보안장비의 성능 검사를 신청하는 경우부터 적용한다.

부칙 〈제1427호, 2024. 12. 23.〉
이 규칙은 공포한 날부터 시행한다.

별표 / 서식
[별표] 보안검색교육기관의 시설·장비 및 인력 등의 지정기준(제15조제2항 관련)
[별표 2] 시험기관의 지정기준(제14조의7제1항 관련)
[별표 3] 시험기관의 지정취소 및 업무정지의 기준(제14조의8제1항 관련)
[별표 4] 수수료 부과기준(제14조의11제1항 관련)
[별표 5] 승객 본인 일치 여부를 확인할 수 있는 신분증명서의 종

류(제8조의5제1항 관련)

[별지 제1호서식] 보안검색위탁업체 지정신청서

[별지 제2호서식] 보안검색위탁업체 지정서

[별지 제3호서식] 상용화주 지정신청서

[별지 제4호서식] 상용화주 지정서

[별지 제4호의2서식] 항공보안장비 성능 인증 신청서

[별지 제4호의3서식] 항공보안장비 성능 인증서

[별지 제4호의4서식] 항공보안장비 성능평가시험 결과서

[별지 제4호의5서식] 항공보안장비 시험기관 지정 신청서

[별지 제4호의6서식] 항공보안장비 시험기관 지정서

[별지 제5호서식] 보안검색교육기관 지정신청서

[별지 제6호서식] 보안검색교육기관 지정서

[별지 제7호서식] 항공보안 자율신고서

대한민국 법령 시리즈 375

항공보안법

법 령 / 시 행 령 / 시 행 규 칙

2025년 11월 6일 인쇄 정가 17,000원
2025년 11월 16일 발행

편 저 편집부
디 자 인 송영미
발 행 인 조준형
발 행 처 해광출판사

http://www.hgbookpub.com
E-mail : munbookcokr@naver.com
주 소 부산광역시 중구 해관로 41-1 (중앙동2가)
전화번호 (051) 253-0001 팩스 (051) 245-1187

등 록 제 2012-000005호

해광출판사에서는 여러분의 소중한 원고와 함께 할 기회를 기다리고 있습니다. 책으로 엮을 원고나 아이디어가 있으신 분들은 이메일 munbookcokr@naver.com 로 책에 대한 간단한 개요와 원고 전체 또는 일부를 연락처와 함께 보내주십시오.

ISBN 979-11-6881-908-5

※ 법령 출처 : 법제처 국가법령정보센터
※ 본 도서는 〈공공데이터 제공 및 이용 활성화에 관한 법률〉을 근거로 출판되었습니다.

해광출판사 대한민국 법령 시리즈

001. 선원법
002. 어선법
003. 선박직원법
004. 해사안전기본법
005. 해양환경관리법
006. 선박의 입항 및 출항등에 관한 법률
007. 학교안전사고예방 및 보상에 관한 법률
008. 종합부동산세법
009. 방위사업법
010. 행정규제기본법
011. 식품산업진흥법
012. 위험물안전관리법
013. 화재의 예방 및 안전관리에 관한 법률
014. 도시가스사업법
015. 실내공기질관리법
016. 지방세법
017. 소득세법
018. 법인세법
019. 도선법
020. 선박안전법
021. 선박법
022. 수산업법
023. 고압가스안전관리법
024. 국민연금법
025. 공동주택관리법
026. 화학물질관리법
027. 어선원 및 어선 재해보상보험법
028. 장기등 이식에 관한 법률
029. 자연재해대책법
030. 공유재산 및 물품 관리법
031. 산업입지 및 개발에 관한 법률
032. 부정경쟁방지 및 영업비밀보호에 관한 법률
033. 금융지주회사법
034. 온실가스 배출권의 할당 및 거래에 관한 법률
035. 건축사법
036. 산림문화휴양에 관한 법률
037. 전기사업법
038. 사립학교법
039. 고등교육법
040. 액화석유가스의 안전관리 및 사업법
041. 선박투자회사법
042. 수산자원관리법
043. 위험물선박운송및저장규칙
044. 선박평형수관리법
045. 주택임대차보호법
046. 상가건물임대차보호법
047. 지방공기업법
048. 승강기안전관리법
049. 수목원·정원의 조성 및 진흥에 관한 법률
050. 민법
051. 치료감호 등에 관한 법률
052. 대부업 등의 등록 및 금융이용자 보호에 관한 법률
053. 사료관리법
054. 무형문화재 보전 및 진흥에 관한 법률
055. 총포·도검·화약류 등의 안전관리에 관한 법률
056. 경찰관직무집행법
057. 시설물의 안전 및 유지관리에 관한 특별법
058. 수산생물질병 관리법
059. 소비자기본법
060. 국제선박등록법
061. 정보통신망 이용촉진 및 정보보호 등에 관한 법률
062. 해운법
063. 농수산물 품질관리법
064. 수산업협동조합법
065. 해외건설촉진법
066. 수상레저안전법
067. 공무원재해보상법
068. 수상에서의 수색·구조 등에 관한 법률
069. 어촌어항법
070. 항만법
071. 항만운송사업법
072. 해양경비법
073. 해양사고의 조사 및 심판에 관한 법률
074. 외국인근로자의 고용 등에 관한 법률
075. 중소기업기본법
076. 자유무역지역의 지정 및 운영에 관한 법률
077. 대기환경보전법
078. 소음진동관리법
079. 폐기물관리법
080. 하수도법
081. 물환경보전법
082. 토양환경보전법
083. 환경정책기본법
084. 산업재해보상보험법
085. 관세법
086. 노동조합 및 노동관계조정법
087. 근로기준법
088. 군인연금법
089. 먹는물관리법
090. 기술보증기금법
091. 관광진흥법
092. 감염병의 예방 및 관리에 관한 법률
093. 사법경찰관리의 직무를 수행할 자와 그 직무범위에 관한 법률
094. 수의사법
095. 가정폭력방지 및 피해자보호 등에 관한 법률
096. 환경영향평가법
097. 체육시설의 설치 · 이용에 관한 법률
098. 장사 등에 관한 법률
099. 상호저축은행법
100. 은행법
101. 보호관찰 등에 관한 법률
102. 형법
103. 자동차관리법
104. 형사소송법
105. 전자금융거래법
106. 마약류 불법거래 방지에 관한 특례법
107. 도로법
108. 주세법
109. 변리사법
110. 하천법
111. 중소기업진흥에 관한 법률
112. 발달장애인 권리보장 및 지원에 관한 법률
113. 주택법
114. 장애인복지법
115. 농어업경영체 육성 및 지원에 관한 법률
116. 공인중개사법
117. 건강기능식품에 관한 법률
118. 예비군법
119. 개발제한구역의 지정 및 관리에 관한 특별조치법
120. 국유재산법
121. 주차장법
122. 환경기술 및 환경산업 지원법
123. 대기관리권역의 대기환경개선에 관한 특별법
124. 악취방지법
125. 미세먼지 저감 및 관리에 관한 특별법
126. 가축분뇨의 관리 및 이용에 관한 법률
127. 물의 재이용 촉진 및 지원에 관한 법률
128. 물관리기본법
129. 물관리기술 발전 및 물산업 진흥에 관한 법률
130. 자원의 절약과 재활용촉진에 관한 법률
131. 전기 · 전자제품 및 자동차의 자원순환에 관한 법률
132. 건설폐기물의 재활용촉진에 관한 법률
133. 수도권매립지관리공사의 설립 및 운영 등에 관한 법률
134. 폐기물의 국가 간 이동 및 그 처리에 관한 법률
135. 폐기물처리시설 설치촉진 및 주변지역지원 등에 관한 법률
136. 자원순환기본법
137. 잔류성오염물질 관리법
138. 환경분쟁 조정법

해광출판사 대한민국 법령 시리즈

139. 화학물질의 등록 및 평가 등에 관한 법률
140. 환경오염시설의 통합관리에 관한 법률
141. 환경오염피해 배상책임 및 구제에 관한 법률
142. 중소기업제품 구매촉진 및 판로지원에 관한 법률
143. 환경개선비용 부담법
144. 환경분야 시험·검사 등에 관한 법률
145. 환경친화적 산업구조로의 전환촉진에 관한 법률
146. 환경친화적 자동차의 개발 및 보급 촉진에 관한 법률
147. 환경범죄 등의 단속 및 가중처벌에 관한 법률
148. 생명윤리 및 안전에 관한 법률
149. 장애인차별금지 및 권리구제 등에 관한 법률
150. 부동산투자회사법
151. 정치자금법
152. 과학기술기본법
153. 대리점거래의 공정화에 관한 법률
154. 상속세 및 증여세법
155. 학원의 설립 · 운영 및 과외교습에 관한 법률
156. 해양심층수의 개발 및 관리에 관한 법률
157. 전기용품 및 생활용품 안전관리법
158. 사회기반시설에 대한 민간투자법
159. 공직선거법
160. 정당법
161. 유류오염손해배상 보장법
162. 부정청탁 및 금품등 수수의 금지에 관한 법률
163. 항로표지법
164. 어장관리법
165. 민방위기본법
166. 공직자윤리법
167. 선거관리위원회법
168. 유선 및 도선 사업법
169. 전기공사업법
170. 사회복지사업법
171. 택지개발촉진법
172. 국가공무원법
173. 민간임대주택에 관한 특별법
174. 어음법·수표법
175. 민사집행법
176. 상법
177. 문화예술진흥법
178. 중소기업협동조합법
179. 농업협동조합법
180. 도로교통법
181. 의료사고 피해구제 및 의료분쟁 조정 등에 관한 법률
182. 산림보호법
183. 소년법
184. 동물보호법
185. 건축물관리법
186. 도시개발법
187. 화물자동차 운수사업법
188. 도시 및 주거환경정비법
189. 의료법
190. 국회법
191. 응급의료에 관한 법률
192. 출입국관리법
193. 노인복지법
194. 산림자원의 조성 및 관리에 관한 법률
195. 청소년 보호법
196. 초 · 중등교육법
197. 혁신도시 조성 및 발전에 관한 특별법
198. 경제자유구역의 지정 및 운영에 관한 특별법
199. 공공기관의 운영에 관한 법률
200. 대한민국헌법
201. 국민기초생활 보장법
202. 저작권법
203. 가사소송법
204. 국가유공자 등 예우 및 지원에 관한 법률
205. 국민체육진흥법
206. 전통주 등의 산업진흥에 관한 법률
207. 재난 및 안전관리 기본법
208. 정보통신공사업법
209. 주식회사 등의 외부감사에 관한 법률
210. 공익사업을 위한 토지 등의 취득 및 보상에 관한 법률
211. 개인정보 보호법
212. 국세기본법
213. 에너지이용 합리화법
214. 감정평가 및 감정평가사에 관한 법률
215. 국가인권위원회법
216. 가맹사업거래의 공정화에 관한 법률
217. 보건의료기본법
218. 산업안전보건법
219. 법무사법
220. 교육공무원법
221. 특허법
222. 민사소송법
223. 아동복지법
224. 전파법
225. 하도급거래 공정화에 관한 법률
226. 기초연금법
227. 사립학교교직원 연금법
228. 직업안정법
229. 장애아동 복지지원법
230. 부동산등기법
231. 자동차손해배상 보장법
232. 철도안전법
233. 항공안전법
234. 전자상거래 등에서의 소비자보호에 관한 법률
235. 독점규제 및 공정거래에 관한 법률
236. 상표법
237. 채무자 회생 및 파산에 관한 법률
238. 공무원연금법
239. 축산법
240. 근로복지기본법
241. 민원 처리에 관한 법률
242. 약사법
243. 방문판매 등에 관한 법률
244. 건축기본법
245. 지방세기본법
246. 지방세징수법
247. 지방자치법
248. 도시교통정비 촉진법
249. 공공주택 특별법
250. 국세징수법
251. 공인노무사법
252. 중대재해 처벌 등에 관한 법률
253. 외무공무원법
254. 소방시설공사업법
255. 검역법
256. 공중위생관리법
257. 할부거래에 관한 법률
258. 인터넷 멀티미디어 방송사업법
259. 전기통신사업법
260. 제품안전기본법
261. 철도사업법
262. 어린이제품 안전 특별법
263. 영유아보육법
264. 원자력안전법
265. 보험업법
266. 경비업법
267. 교통안전법
268. 세무사법
269. 관세사법
270. 공인회계사법
271. 지방공무원법
272. 고용정책 기본법
273. 국가경찰과 자치경찰의 조직 및 운영에 관한 법률
274. 협동조합 기본법
275. 재해구호법
276. 환경보건법

해광출판사 대한민국 법령 시리즈

277. 자살예방 및 생명존중문화 조성을 위한 법률
278. 소방산업의 진흥에 관한 법률
279. 소방기본법
280. 비송사건절차법
281. 자연환경보전법
282. 변호사법
283. 기업구조조정투자회사법
284. 전기통신기본법
285. 에너지법
286. 해양생태계의 보전 및 관리에 관한 법률
287. 사회보장기본법
288. 통신비밀보호법
289. 공증인법
290. 물류시설의 개발 및 운영에 관한 법률
291. 청소년활동 진흥법
292. 형의 집행 및 수용자의 처우에 관한 법률
293. 도시공원 및 녹지 등에 관한 법률
294. 태권도 진흥 및 태권도공원 조성 등에 관한 법률
295. 녹색건축물 조성 지원법
296. 우편법
297. 예금자보호법
298. 건설산업기본법
299. 금융회사의 지배구조에 관한 법률
300. 장애인활동 지원에 관한 법률
301. 언론중재 및 피해구제 등에 관한 법률
302. 국가재정법
303. 농지법
304. 게임산업진흥에 관한 법률
305. 정신건강증진 및 정신질환자 복지서비스 지원에 관한 법률
306. 디자인보호법
307. 의료기사 등에 관한 법률
308. 스마트도시 조성 및 산업진흥 등에 관한 법률
309. 내수면어업법
310. 한국주택금융공사법
311. 의료기기법
312. 유통산업발전법
313. 전통시장 및 상점가 육성을 위한 특별법
314. 여신전문금융업법
315. 해외자원개발 사업법
316. 산업교육진흥 및 산학연협력촉진에 관한 법률
317. 빈집 및 소규모주택 정비에 관한 특례법
318. 기업도시개발 특별법
319. 전력기술관리법
320. 국토기본법
321. 지하수법
322. 식품위생법
323. 광업법
324. 호스피스·완화의료 및 임종과정에 있는 환자의 연명의료결정에 관한 법률
325. 주식·사채 등의 전자등록에 관한 법률
326. 표시·광고의 공정화에 관한 법률
327. 골재채취법
328. 국민건강증진법
329. 새마을금고법
330. 여객자동차 운수사업법
331. 마리나항만의 조성 및 관리 등에 관한 법률
332. 한부모가족지원법
333. 국가를 당사자로 하는 계약에 관한 법률
334. 지방자치단체를 당사자로 하는 계약에 관한 법률
335. 축산물 위생관리법
336. 병역법
337. 음악산업진흥에 관한 법률
338. 국가균형발전 특별법
339. 첨단재생의료 및 첨단바이오의약품 안전 및 지원에 관한 법률
340. 공간정보의 구축 및 관리 등에 관한 법률
341. 공유수면 관리 및 매립에 관한 법률
342. 농수산물 유통 및 가격안정에 관한 법률
343. 아시아문화중심도시 조성에 관한 특별법
344. 신탁법
345. 자연공원법
346. 생활화학제품 및 살생물제의 안전관리에 관한 법률
347. 군인사법
348. 국제조세조정에 관한 법률
349. 낙동강수계 물관리 및 주민지원 등에 관한 법률
350. 주민등록법
351. 집합건물의 소유 및 관리에 관한 법률
352. 집단에너지사업법
353. 산림조합법
354. 반도체집적회로의 배치설계에 관한 법률
355. 자본시장과 금융투자업에 관한 법률
356. 담보부사채신탁법
357. 근로자퇴직급여 보장법
358. 국제과학비즈니스벨트 조성 및 지원에 관한 특별법
359. 수도법
360. 식품 등의 표시·광고에 관한 법률
361. 약관의 규제에 관한 법률
362. 인삼산업법
363. 종자산업법
364. 항공사업법
365. 건설기계관리법
366. 군형법
367. 궤도운송법
368. 기술의 이전 및 사업화 촉진에 관한 법률
369. 농수산물의 원산지 표시 등에 관한 법률
370. 담배사업법
371. 석유 및 석유대체연료 사업법
372. 가축전염병 예방법
373. 농어촌정비법
374. 식물신품종 보호법
375. 항공보안법
376. 중소기업창업 지원법
377. 군사법원법
378. 우주개발 진흥법
379. 해저광물자원 개발법
380. 산림복지 진흥에 관한 법률
381. 지능형 로봇 개발 및 보급 촉진법
382. 헌법재판소법
383. 옥외광고물 등의 관리와 옥외광고산업 진흥에 관한 법률
384. 혈액관리법
385. 국제항해선박 등에 대한 해적행위 피해예방에 관한 법률
386. 유료도로법
387. 독립유공자예우에 관한 법률
388. 신에너지 및 재생에너지 개발·이용·보급 촉진법
389. 신용정보의 이용 및 보호에 관한 법률
390. 출판문화산업 진흥법
391. 공항시설법
392. 국민 평생 직업능력 개발법
393. 아동·청소년의 성보호에 관한 법률
394. 방송법쉬
395. 신용보증기금법
396. 화장품법
397. 청소년 기본법
398. 인터넷주소자원에 관한 법률
399. 양곡관리법
400. 도로명주소법
401. 전자문서 및 전자거래 기본법
402. 산업기술의 유출방지 및 보호에 관한 법률
403. 국가기술자격법
404. 양식산업발전법
405. 산업기술혁신 촉진법
406. 새만금사업 추진 및 지원에 관한 특별법
407. 전자정부법
408. 지역 개발 및 지원에 관한 법률
409. 한국농어촌공사 및 농지관리기금법
410. 계량에 관한 법률
411. 기업활동 규제완화에 관한 특별조치법
412. 군에서의 형의 집행 및 군수용자의 처우에 관한 법률

해광출판사 대한민국 법령 시리즈